Die Himmlische Stadt
Kommentare zur Apokalypse

Aus dem Französischen übersetzt
Originaltitel:
»Approche de la Cité céleste – commentaires de
l'Apocalypse«

Omraam Mikhaël Aïvanhov

Die Himmlische Stadt
Kommentare zur Apokalypse

Reihe Izvor – Band 230

PROSVETA  VERLAG

INHALT

*Da Omraam Mikhaël Aïvanhov seine
Lehre ausschließlich mündlich überlieferte,
wurden seine Bücher aus stenografischen
Mitschriften, Tonband- und Videoaufnahmen
seiner frei gehaltenen Vorträge erstellt.*

Omraam Mikhaël Aïvanhov im Jahr 1945

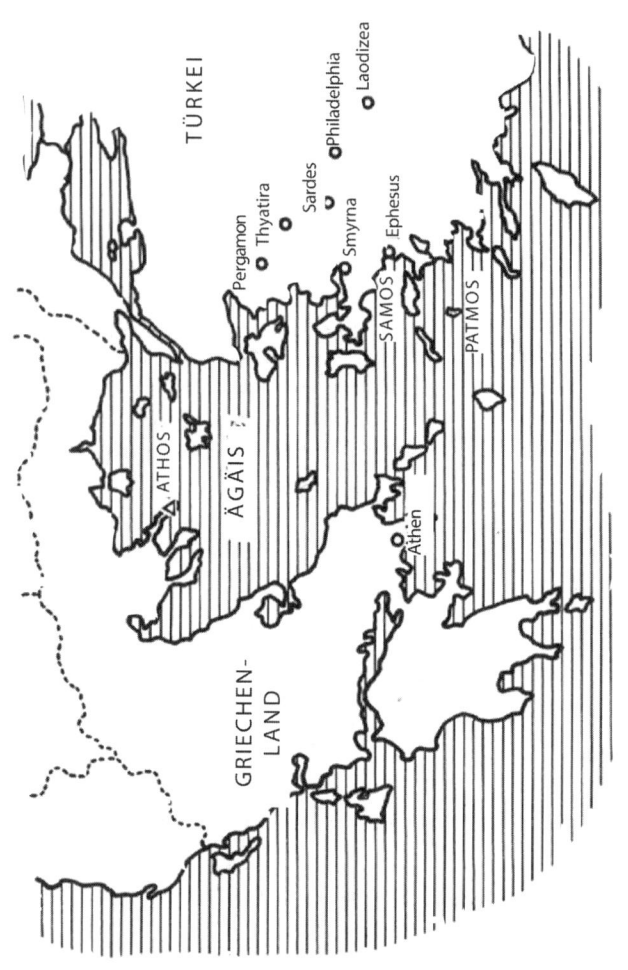

Die wichtigsten Orte in diesem Buch

Kapitel 1

BESUCH AUF PATMOS

Heute möchte ich euch an einen Ort führen, der mein Herz verzaubert hat, und auch die Herzen all der Freunde, die mich begleitet haben. Ja, ich möchte euch auf einen Spaziergang an einen geweihten, weit entfernten Ort mitnehmen. Dieser Ort heißt Patmos.

Patmos ist eine griechische Insel, die allerdings viel näher an der Türkei liegt als an Griechenland. Man kann sie nur mit dem Schiff erreichen und die Überfahrt von Athen dauert fast dreizehn Stunden. Patmos ist auf der Karte eine ganz kleine Insel, aber in Wirklichkeit ist sie eine sehr große Insel, aufgrund ihrer spirituellen Bedeutung, und wir wollten sie erkunden. Unsere Reise glich daher einer Pilgerfahrt, denn eben dort hat der Evangelist Johannes gelebt und das Evangelium und die Offenbarung geschrieben.

Wenn man sich der Insel nähert, ist man vom Anblick der makellos weißen Häuser gefangen, ein Weiß, das durch das Blau des

Himmels und des Meeres noch stärker hervorsticht. Einige kleine Häusergruppen liegen direkt am Meer, andere, wie Chora, wo sich das Kloster des Johannes des Evangelisten mit der Grotte der Apokalypse befindet, liegen in den Hügeln. Um diese Grotte herum, wo Johannes gelebt hat, wurden nach und nach im Laufe der Jahrhunderte zahlreiche Gebäude errichtet, die jetzt das Kloster bilden: die Basilika des Hl. Johannes des Theologen*, auf den Ruinen eines Artemis-Tempels erbaut, eine dem Hl. Christodulos, dem Gründer des Klosters im zwölften Jahrhundert, geweihte Kapelle und noch viele andere Kirchen, Kapellen und Zellen für die Mönche, sowie ein Refektorium und eine Bibliothek. Es ist ein beeindruckender Gebäudekomplex, den man von allen Punkten der Insel sehen kann; er ist von Festungsmauern aus dem 17. Jahrhundert umgeben, einer Zeit, in der es notwendig war, sich gegen die häufigen Piratenüberfälle zu schützen.

Man erreicht den einzigen Eingang zum Kloster, nachdem man einige in den Fels gehauene Stufen erklommen hat. Man durchquert Gänge, Innenhöfe und von Zellen und Kapellen begrenzte blühende Gärten; nachdem man dann noch etwa dreißig wiederum in

---

* Der griechische Name für Johannes den Evangelisten.

den Fels gehauene Stufen hinabgestiegen ist, kommt man an weiteren Kapellen vorbei, bis man die Kapelle der Hl. Anna betritt, die mit der Grotte der Apokalypse verbunden ist. Diese Kapelle wurde als erstes Gebäude hier erbaut. Christodulos hat ihr diesen Namen gegeben, weil er in erster Linie die Hl. Anna, die Mutter von Maria (Mutter von Jesus), ehren wollte, aber auch die Mutter des byzantinischen Herrschers Alexios I. Komnenos*, die ebenfalls Anna hieß.

Die Grotte der Apokalypse ist weder sehr groß noch sehr hoch (etwa 2 Meter) und bietet nur wenigen Personen Platz. Man hat uns auf eine Vertiefung hingewiesen, in die der Überlieferung nach Johannes seinen Kopf legte. Über dieser Vertiefung gab es ein Kreuz, das er selbst dort in den Fels geritzt haben soll. Man wies auch auf eine andere Vertiefung, die ihm als Stütze gedient haben soll, wenn er sich wieder erheben wollte, denn er war bereits sehr alt.

An einem sehr geraden und glatten Teil des Felsens kann man eine Art Pult erkennen, an dem angeblich sein Schüler Prokhoros, von Johannes diktiert, das Evangelium niedergeschrieben hat. Am Gewölbe der Grotte

---

* Der Herrscher Alexios I. Komnenos schenkte Christodulos die Insel Patmos.

sieht man einen dreifachen Riss, der durch einen Blitz genau in dem Moment hervorgerufen worden sein soll, als die Stimme aus der Apokalypse erschallte. Und dieser dreifache Riss gilt als ein Symbol der Dreieinigkeit. Die Grotte ist auch mit heiligen Gegenständen geschmückt und mit Ikonen, vor denen Lampen brennen, und man kann dort mehrere Inschriften auf Griechisch lesen: »Am Anfang war das Wort« und »Hier auf Patmos sind die Dinge geschehen« oder auch »Dieser schreckliche Ort«.

Der Pope, der uns bei unserem Besuch geführt hat, hat uns überall große Schätze gezeigt: großartig illustrierte Manuskripte, Reliquien, Ikonen und heilige Gegenstände. Und als er uns das Leben des Johannes erzählte, laut den Aussagen einiger Jünger, die dieser hier auf Patmos herangebildet hat, war er in einem Zustand unglaublicher Inspiration und Begeisterung und begriff selbst nicht wie ihm geschah. Er strahlte!

Ich habe diese Grotte zweimal aufgesucht, um zu meditieren und dem Geist des Johannes zu begegnen. Die Stille dort ist wirklich außerordentlich. Seit zweitausend Jahren hat nichts die fluidischen Spuren von Johannes dem Evangelisten auslöschen können, trotz der zahllosen Menschen, die dort gewesen sind. Ich habe sehr viele Dinge gespürt. Es ist ein wahrhaft heiliger, wahrhaft reiner, wahrhaft göttlicher Ort. Ich wünsche euch allen, dass ihr eines Tages diese Grotte besuchen könnt.

Johannes selbst offenbart am Anfang der Apokalypse, warum er sich auf Patmos befand.

»Ich, Johannes, der auch euer Bruder und Mitgenosse an der Trübsal ist und am Reich und an der Geduld Jesu Christi, war auf der Insel, die da heißt Patmos, um des Wortes Gottes willen und des Zeugnisses Jesu Christi.« (Off 1,9)

Es war unter der Herrschaft des Domitian, zur Zeit der Christenverfolgung, dass Johannes, der damals in Ephesus war, als Gefangener auf die Insel Patmos gebracht wurde. Man brachte ihn in Ketten aufs Schiff, und sein Jünger Prokhoros begleitete ihn. Die Überlieferung berichtet, dass im Laufe der Überfahrt ein gewaltiger Sturm losbrach. Die Matrosen kämpften gegen die Wellen und versuchten, das Schiff zu steuern. Plötzlich fiel ein junger Soldat, der auch an der Reise teilnahm, ins Meer. Die Passagiere waren entsetzt und der Vater des jungen Burschen war verzweifelt und wollte sich ins Wasser stürzen, um seinem Sohn in den Tod zu folgen. Man konnte ihn nur mit Mühe zurückhalten. Mitten in diesem ganzen Trubel war allein Johannes ruhig geblieben, er schien sogar zufrieden. Man stellte ihm die Frage: »Berührt dich der Tod dieses Jungen gar nicht? Willst du uns nicht helfen? – Warum bittet ihr nicht eure Gottheiten, entgegnete er, sie können ihn retten. – Seit mehreren Stunden bereits flehen wir sie an, aber ohne Erfolg.« Da begann Johannes zu beten und einige Minuten später tauchte der Junge lebendig an der Oberfläche des Meeres auf und wurde gerettet. Alle waren verblüfft. Sie standen um Johannes, um ihm zu danken und baten ihn um Verzeihung dafür, dass sie ihn in Ketten gelegt hatten. Man nahm sie ihm ab und begann, ihn mit Achtung zu betrachten.

In Patmos angelangt, wurde er in der Familie eines Mannes aufgenommen, der Myron hieß. Dort befreite er zunächst die Kinder dieser Familie von bösen Geistern, die sich ihrer bemächtigt hatten. Und da er überall in seiner Umgebung Gutes tat, nahm sein Ansehen zu, und es kamen immer mehr Leute in Myrons Haus, um Johannes um Rat zu fragen. Er begann ihnen von Jesus zu erzählen, wer er war und was er selbst bei ihm gesehen und gehört hatte. Viele ließen sich bekehren und das Haus des Myron wurde so der erste Ort für Zusammenkünfte von Christen.

Doch es gab auf Patmos auch ein Heiligtum des Apollon, dessen Priester wütend waren, weil sie mit ansehen mussten, welchen Einfluss Johannes auf die Bevölkerung ausübte, denn ihre Tempel leerten sich. Das Oberhaupt dieser Priester war Kynops, ein gefährlicher Schwarzmagier, und sie waren alle der Meinung, dass man Johannes so schnell wie möglich loswerden müsse. Kynops schickte einen sehr mächtigen Dämon, um ihn anzugreifen, aber Johannes kämpfte und vernichtete ihn. Kynops schickte daraufhin einen anderen, noch mächtigeren und einen dritten, der ihm über das Ergebnis berichten sollte. Auch da trug Johannes den Sieg davon. Da entschloss sich Kynops, ihn selbst herauszufordern.

Er ging los und fand Johannes, wie er gerade der Menge predigte. Er unterbrach ihn und wandte sich an einige Herumstehende: »Du, wo ist dein Vater?, fragte er einen jungen Burschen. – Er ist tot, ertrunken. – Und du, wo ist dein Sohn? – Er hat sich umgebracht, indem er ins Wasser gesprungen ist.« Noch andere gaben dieselben Antworten. Jeder hatte einen Verwandten, der durch Unfall oder freiwillig ertrunken war. Kynops wandte sich darauf an Johannes und forderte ihn auf, all diese Ertrunkenen wieder vom Meeresgrund hoch zu holen. Dieser Aufforderung entgegnete er, es sei nicht seine Aufgabe, die Toten wieder zum Leben zu erwecken, sondern das Evangelium von Jesus zu predigen. Stolz, seine Überlegenheit zeigen zu können, ließ Kynops, nach Ausführung einiger magischer Handlungen, die Trugbilder all dieser verstorbenen Personen aus dem Meer emporsteigen. Die Anwesenden, durch diese Hexen-Kunststücke getäuscht, glaubten aufs Neue an die Macht von Kynops und griffen, von ihm dazu gedrängt, Johannes an und schlugen ihn, bis er schwer verletzt zusammenbrach. Alle zogen zufrieden von dannen, in der Annahme, er wäre tot. Aber mitten in der Nacht kehrte sein Jünger Prokhoros zu ihm zurück. Er hörte seinen Meister rufen: »Prokhoros, geh und sag Myron, dass ich noch lebe und zurückkommen werde. Alles kommt wieder in Ordnung.« Als Myron die gute Nachricht erfuhr, war er erstaunt und unendlich glücklich!

Einige Zeit später flammte der Krieg mit Kynops wieder auf, und das ist wiederum eine lange Geschichte. Eines Tages nahm eine große Menschenmenge Johannes mit sich zum Strand, wo Kynops noch dabei war, sich seinen magischen Praktiken zu widmen, um ein für alle Mal zu beweisen, wer der Stärkere sei. Johannes sprach ein Gebet und als Kynops ins Wasser tauchte, um die Trugbilder emporzuholen, blieb er verschwunden, anstatt, wie die vorausgegangenen Male wieder aufzutauchen. Viele warteten drei Tage lang vergeblich auf ihn, aber das Verhalten und die Worte von Johannes überzeugten sie schließlich, die Lehre Christi anzunehmen und nach Hause zurückzukehren. Noch heute weist man auf einen dreiteiligen Felsen im Meer, und sagt, das sei der Kopf, der Rumpf und die Glieder des versteinerten Hexers Kynops.

Einige Jahre später wurde Kaiser Domitian ermordet und durch Nerva ersetzt, der sich den Christen gegenüber toleranter zeigte. Unter seiner Herrschaft hörten die Verfolgungen auf und Johannes wurde gestattet, Patmos, wohin man ihn verbannt hatte, zu verlassen und als freier Mann nach Ephesus zurückzukehren. Die Bevölkerung der Insel jedoch, hing mittlerweile sehr an ihm. Er hatte so viele Leute aufgeklärt, ihnen geholfen und sie geheilt, dass sie ihn nicht mehr gehen lassen wollten. Sie baten ihn und flehten ihn an. »Aber ich muss gehen,« sagte Johannes, »denn andere Brüder und Schwestern warten auf die frohe Kunde.« Sie flehten ihn weiterhin an, doch Johannes konnte nicht nachgeben. Als sie dann sahen, dass er nicht nachgeben würde, baten sie ihn, vor seiner Abfahrt etwas zu schreiben, das eine Art Zeugnis der guten Worte wäre, die er ihnen überbracht hatte. Damit war Johannes einverstanden. Nachdem er mehrere Tage gebetet und gefastet hatte, begann er sein Evangelium zu schreiben, indem er es Prokhoros diktierte: »Am Anfang war das Wort...« Danach schrieb er die Apokalypse. Als er damit fertig war, ließen die Inselbewohner ihn ziehen, da sie einsahen, dass er ihnen alles gegeben hatte, was sie brauchen würden.

Man hat uns erzählt, dass Johannes, als er seinen Tod nahen fühlte, zwei oder drei seiner Jünger bat, ein großes Loch zu graben. Er stieg in dieses Loch und forderte sie auf, es bis zu seiner Brust mit Erde zu füllen und am nächsten Tag wiederzukommen. Als sie zurückkamen, war er immer noch am Leben und sagte zu ihnen: »Jetzt begrabt mich bis zu den Schultern und kommt morgen wieder.« Am nächsten Morgen lebte er immer noch. Sie mussten noch ein wenig mehr Erde auffüllen. Aber als sie am folgenden Tag wiederkamen, war er nicht mehr da. Es muss sich natürlich um eine Legende handeln. Es gibt zahlreiche mehr oder weniger legendenhafte Zeugnisse und Erzählungen, die Johannes betreffen, Berichte seiner Jünger; man kann sie in einigen griechischen Bibliotheken finden. Es interessierte mich sehr, bestimmte Einzelheiten zu erfahren.

Von den ersten Tagen der Kirche an hat sich eine durch die Lehre des Johannes inspirierte Tradition auf Patmos erhalten. Darum wurde im achtzehnten Jahrhundert, nicht weit vom Kloster entfernt, eine Schule gebaut. Diese Schule, Patmias genannt, hat eine große Zahl von Geistlichen, Theologen und Denkern hervorgebracht und das Christentum mit wahrhaft bedeutenden Persönlichkeiten bereichert.

Patmos ist ein so großartiger Ort, dass ich es gern gesehen hätte, wenn unsere griechische Bruderschaft dort ein Stück Land besäße, um sich dort von Zeit zu Zeit aufhalten zu können. Welch außergewöhnliche Bedingungen gäbe es hier, um zu beten, zu meditieren und ein brüderliches Leben zu führen! Welch ein Vergnügen hätten die Brüder und Schwestern hier, Wassermelonen, Honigmelonen und alle Arten von Obstbäumen anzubauen! Der Taxifahrer, der uns zum Kloster gefahren hatte, besaß mehrere Stück Land auf der Insel, und genau dasjenige, das mir auf einem Hügel aufgefallen war, und er war sogar bereit es uns zu verkaufen. Von dort oben sah man den Sonnenaufgang und andere Inseln in der Ferne, sowie das Kloster und den Hafen mit seinen Häuschen... Patmos ist gar nicht so weit von Athen entfernt, aber leider dauert die Überfahrt sehr lang: dreizehn Stunden für die Hinfahrt und dreizehn Stunden für die Rückfahrt, und man kann nur mit dem Schiff dorthin gelangen, es gibt keinen Luftverkehr dorthin. Und wenn das Meer unruhig ist, wie es auf unserer Hinfahrt der Fall war, wird es zu einem Abenteuer.

Bis zu dieser Reise scheute ich mich immer davor, ein Schiff zu nehmen, denn ich werde leicht seekrank. Aber erstaunlicherweise fand ich es diesmal geradezu wunderbar, herumgeschaukelt zu werden, ich fand Vergnügen daran... verrückt! Ihr lacht darüber, nicht wahr?... Nun, um dieses Bedürfnis, geschaukelt zu werden, noch einmal zu befriedigen, haben wir ein kleines Motorboot gemietet, um zwei Tage lang eine andere Spazierfahrt auf dem Meer zu machen. Aber dieses Mal sind wir zum Berg Athos gefahren. Das war ein weiterer großartiger Besuch! Es gibt dort etwa zwanzig in den Bergen verstreute Klöster, und wir haben die Hälfte davon besucht. Auf Bulgarisch nennen wir den Berg Athos »Sveta Gora«, das heißt Heiliger Wald. Wir haben bulgarische, jugoslawische, russische und andere Klöster aufgesucht, in denen es außergewöhnliche Ikonen zu sehen gab. Ja, welche Herrlichkeit! Wir haben sie fotografiert und gefilmt. Die Mönche waren so gastfreundlich und sympathisch und wollten uns nicht mehr fortlassen. Sie bestanden immer darauf, uns Rachat Lokum, eine orientalische Süßigkeit, Konfitüre und Kaffee anzubieten, und sogar Raki. Wenn wir akzeptiert hätten, hätten wir niemals den Weg zum Schiff zurückfinden können!...

Aber kommen wir nach Patmos zurück. Während meines Aufenthaltes habe ich mich an der Schönheit seiner Landschaft erfreut, einer sehr schlichten Schönheit, denn es gibt nur wenig Vegetation auf der Insel. Es ist besonders die Atmosphäre, die außergewöhnlich ist, als hätte der Geist des Johannes die

Erde und ihre Bewohner sehr tief durchdrungen. Und trotz der Besucher, trotz des Tourismus, der im Allgemeinen überall alles verdirbt, der die Mentalität der einfachen, natürlichen, offenen und warmherzigen Menschen verändert, indem er ihnen die schlimmsten Aspekte des modernen Lebens einimpft, trotzdem ist Patmos auch nach 2000 Jahren ein außergewöhnlicher Ort geblieben. Die Bewohner von Patmos haben sogar mich in Erstaunen versetzt: Das Strahlen ihrer Gesichter und die Einfachheit ihres Verhaltens ließen spüren, dass es wahrlich ein besonderer Ort auf dieser Erde ist. Niemals bin ich auf eine solche Bevölkerung getroffen, fähig, so viel Liebe, Güte, Aufrichtigkeit, Großzügigkeit und Brüderlichkeit zum Ausdruck zu bringen. Ja, ihr Geist ist derart brüderlich, derart mystisch, religiös und tiefgründig! Man könnte sagen, es gibt dort niemanden, der boshaft oder unehrlich ist. Wir haben fast alle gesehen, angefangen bei denen, die uns am Hafen empfangen haben, um unsere Koffer zu transportieren, bis hin zu den Mönchen und Bischöfen, und alle waren so zuvorkommend, gastfreundlich und warmherzig, dass, ich versichere es euch, mir die Worte fehlen, um es auszudrücken. Es lohnt sich, diese Leute dort kennenzulernen. Ihre Gesichter strahlten Frieden, Glück und Licht aus. Ja, ein Licht ging von ihnen aus, man spürte und sah ihre Aura.

Eines Tages habe ich in meinem Hotelzimmer meditiert und Weihrauch verbrannt, um der unsichtbaren Welt bestimmte Fragen zu stellen. Danach bin ich in Begleitung meiner Freunde zu einem Spaziergang in die Hügel aufgebrochen. Und siehe da, da stand dann am Wegesrand eine, dem Äußeren nach sehr einfache, geradezu arme Frau, aber mit einem wunderbaren Gesicht. Sie stand dort, als ob sie auf uns gewartet hätte. Und als wir in etwa auf ihrer Höhe waren, kam sie auf mich zu, küsste mir die Hand mit großem Respekt und sagte einige Worte auf Griechisch zu mir, die man mir übersetzte. Und was sie mir sagte war die Antwort auf die Frage, die ich gestellt hatte. Der Himmel hatte sich dieser Frau bedient, um mir zu antworten. Und ich war derart glücklich! Ja, denn ihre Worte waren prophetisch, sie gab mir die Antwort des Himmels auf das, was ich gefragt hatte. Für den Himmel, das solltet ihr wissen, ist es sehr leicht, durch einen Vogel, einen Hund, ein Pferd und natürlich auch durch einen Menschen Antworten zu geben. Das Problem ist nur, dass es einem nicht immer gelingt, diese Antwort zu entziffern, sie richtig zu verstehen, aber eine Antwort kommt immer, man wird niemals ohne Antwort gelassen. Die, die der Himmel mir an diesem Tag gegeben hat, hat eine große Freude in mir ausgelöst. Danach gingen wir weiter, um noch andere wunderbare Orte auf der Insel zu besuchen.

22

Es ist wirklich etwas Besonderes auf Patmos. Viele Menschen, mit denen wir gesprochen haben, bedienten sich einer Ausdrucksweise, wie ich sie niemals irgendwo anders, in anderen Städten, in anderen Ländern gehört habe: einer mystischen, einer spirituellen Sprache, mit Redewendungen von außergewöhnlicher Weisheit und Tiefe. Und ich bin auch niemals so freundlichen und so strahlenden Popen und Mönchen begegnet. Sie suchten mich auf und wir führten gemeinsam lange Gespräche. Und welche Freude, überall in den Straßen den Blicken dieser Menschen zu begegnen – respektvollen, vertrauensvollen, liebevollen Blicken... Dort ist ein Fleckchen Erde, wo die Menschen glücklich sind, ein Fleckchen Erde unschuldig und rein...

Möge es gesegnet sein!

Kapitel 2

EINFÜHRUNG IN DIE OFFENBARUNG

Das Christentum ist nicht eines Tages aus dem Nichts heraus in der Welt erschienen. Es ist das Ergebnis mehrerer Traditionen, und ganz besonders der jüdischen Tradition, die in der Kabbala ihren Ausdruck findet. Jesus kannte die Kabbala und es ist notwendig, Grundkenntnisse in dieser Wissenschaft zu haben, wenn man das Alte und das Neue Testament wirklich verstehen will. Leider hat sich die Kirche jahrhundertelang damit zufrieden gegeben, den Gläubigen einige Bruchstücke, einige oberflächliche Kenntnisse zu vermitteln, und jetzt darf man sich nicht wundern, wenn die Christen mehr und mehr in den Lehren des Orient und des Fernen Ostens nach spiritueller Nahrung suchen, weil sie das Christentum armselig und unzulänglich finden. Nun, wer hat Schuld daran? Der Klerus sollte sich schämen, dass er es nicht fertig gebracht hat, all den Reichtum und die Tiefe des Christentums, seiner Philosophie und seines Symbolismus aufzuzeigen;

sie haben sich damit begnügt, alles Mögliche zu predigen, das nichts Besonderes vermittelte, und das ist jetzt das Ergebnis. All diejenigen, die etwas mehr suchen, verlassen die Kirche.

Jahrhundertelang hat man den Christen immer wieder vorgebetet, dass Glauben zu haben das Wesentliche sei. Wenn sie Fragen stellten, antwortete man ihnen, das seien Mysterien, um deren Verständnis sie sich nicht zu bemühen bräuchten. Sie sollten glauben und dann würden sie gerettet werden. Aber nein, es genügt nicht zu glauben, die Religion ist nicht auf den Glauben begrenzt. Jede Religion enthält ein Wissen, und wenn man den Gläubigen dieses Wissen vorenthält, mit dem sie ihren Intellekt, ihre Seele und ihren Geist nähren können, verlieren sie schließlich den Glauben, denn sie haben den Eindruck, an ungereimtes Zeug zu glauben. Ich weiß, dass vielen die Vorstellung Schwierigkeiten bereitet, dass Jesus die Kabbala kannte, aber das ist die Realität. Die Kabbala war Teil der jüdischen Überlieferung, in der er unterrichtet worden war, und er selbst offenbarte Johannes dieses ganze Wissen, von dem zahlreiche Elemente in seinem Evangelium und vor allem in der Apokalypse wiederzufinden sind.

Jede Religion besitzt eine exoterische Lehre, die allen gegeben werden kann und eine esoterische Lehre, die einer geistigen Elite

26

vorbehalten bleibt, die fähig ist, sie zu verstehen. In der christlichen Religion wird die exoterische Lehre durch die Kirche des Petrus repräsentiert; und diese Kirche hat sich mit Gewalt durchgesetzt, und nicht gezögert, all die umzubringen und zu verbrennen, die sich ihr widersetzten oder ihrer Meinung nach ihre Regeln nicht akzeptierten. Die esoterische Lehre wird durch die Kirche des Johannes repräsentiert; sie ist ihrer Arbeit im Geheimen nachgegangen, ohne jemals irgend jemanden zu verfolgen oder umzubringen, daher wurde sie selbst Opfer der Intoleranz der Kirche des Petrus.[1]

Jesus hat Johannes also eine Lehre gegeben, die er den anderen Schülern vorenthalten hat, und diejenigen, denen dies klar wurde, waren ein wenig eifersüchtig. Aber lassen wir das... Die Kirche des Johannes ist die Bewahrerin der Quintessenz der Lehre Jesu, und sie ist immer bereit, die Menschen zu unterrichten, die sich begierig zeigen, die Geheimnisse der Schöpfung zu ergründen und all die Wahrheiten bezüglich der unsichtbaren Welt und der spirituellen Entwicklung des Menschen zu vertiefen. Die Apokalypse ist das Buch der Kirche des Johannes; um aber all die Zahlen, Symbole und Bilder, die sie enthält, zu interpretieren, muss man Kenntnisse auf dem Gebiet der Kabbala, der Astrologie, der Alchimie und der Magie besitzen, und sogar der Karten des Tarot, die keineswegs Spielkarten sind, wie manche meinen, sondern eine Zusammenfassung der gesamten Einweihungslehre darstellen.

Daher scheuen sich die meisten Pastoren und Priester, die Apokalypse zu interpretieren, denn sie wären gezwungen, all diese Wissenschaften anzuerkennen, und damit bestimmte Aspekte der Religion zu ändern. Ja, sie lassen die Apokalypse beiseite, weil sie der Beweis ist, dass die heiligen Bücher nur mittels des Einweihungswissens interpretiert werden können. Man zieht es manchmal sogar vor, anzudeuten, dass Johannes bei ihrer Niederschrift schon sehr alt war und sich von Rabbinern hat beeinflussen lassen, oder auch, dass er ein wenig den Kopf verloren und ungereimtes Zeug von sich gegeben hätte. Anstatt nachzuforschen, um in dieses Wissen vordringen und die Symbole entziffern zu können, nimmt man lieber an, Johannes sei im Alter kindisch geworden und lässt die Apokalypse unbeachtet.

Manche sagen: »Dieses Buch ist tatsächlich unklar und schwer zu interpretieren!« Es ist für diejenigen unklar, die nicht die Schlüssel besitzen; für diejenigen, die sie besitzen, ist es das eindeutigste Buch. Natürlich stehen die Bilder, die Symbole und Zahlen nicht in der Reihenfolge, in der man sie erwarten könnte: Manche, die sich am Ende befinden, stehen in Verbindung zu Passagen vom Anfang oder aus der Mitte; genauso wie Karten, die man planlos hingeworfen hat. Derjenige aber, der das wahre Wissen besitzt, nimmt die Karten, bringt sie in dic richtige Reihenfolge und liest. Wenn man die Bedeutung der Zahlen und den verborgenen Sinn der Symbole kennt, können all die Elemente, die dem Anschein nach keine Verbindung miteinander haben, zusammengebracht werden; dann erklären sie sich gegenseitig und geben ein vollkommen logisches Gesamtbild.

Ich habe zahlreiche Interpretationen der Apokalypse gelesen, und wenn auch immerhin einige davon der Wahrheit entsprechen, finde ich doch, dass noch nie jemand das Wahre, das Wesentliche zur Sprache gebracht hat. Warum? Es gibt mehrere Gründe dafür, aber hauptsächlich, weil man versucht hat, historische Personen, Länder oder Ereignisse wiederzuerkennen, anstatt in diesem Buch nur das Wesentliche zu sehen, das heißt die Beschreibung von Elementen und Vorgängen des inneren und des kosmischen Lebens. Was für Fehler konnte man da begehen, bezüglich der vier Reiter und des Drachens mit sieben Köpfen und zehn Hörnern, hinsichtlich der mit Sternen gekrönten Frau, der großen Hure und dem Neuen Jerusalem!...

Auch ich habe euch einige Passagen interpretiert und ich könnte damit fortfahren, aber es gibt so viele andere Themen vorher zu behandeln! Was würdet ihr mit der Apokalypse anfangen, wenn ihr nicht bereits daran gearbeitet habt, die wahren Grundlagen des spirituellen Lebens zu erlangen? Denn es genügt keinesfalls, all diese Symbole intellektuell zu verstehen, man muss sie in sich selbst zum Leben erwecken können.[2] Solange ihr nicht zuvor eine Arbeit der Reinigung, der Selbstbeherrschung, der inneren Erhebung durchgeführt habt, bleiben euch die Wunder der Apokalypse verschlossen.

Weiterführende Literatur

1. Siehe Band 32 der Reihe Gesamtwerke »Die Früchte des Lebensbaums«, Kapitel 12: »Die esoterische Kirche des Johannes«.
2. Siehe Band 241 der Reihe Izvor »Der Stein der Weisen – Von den Evangelien zur Alchimie«, Kapitel 1: »Über die Deutung der Schriften«.

Kapitel 3

MELCHISEDEK UND DIE LEHRE
VON DEN BEIDEN PRINZIPIEN

Teil 1

»Ich, Johannes, euer Bruder und Mitgenosse an der Trübsal und am Reich und im Ausharren bei Jesus, ich war auf der Insel, die da heißt Patmos, um des Wortes Gottes willen und des Zeugnisses von Jesus. Der Geist kam über mich am Tage des Herrn, und ich hörte hinter mir eine große Stimme, wie von einer Posaune, die sprach: »Was du siehst, das schreibe in ein Buch und sende es zu den sieben Gemeinden: nach Ephesus, nach Smyrna, nach Pergamon, nach Thyatira, nach Sardes, nach Philadelphia und nach Laodizea.«

Ich wandte mich um, zu sehen welche Stimme zu mir sprach. Und als ich mich wandte, sah ich sieben goldene Leuchter und mitten unter den sieben Leuchtern einen, der glich eines Menschen Sohn, der war bekleidet mit einem langen Gewand und gegürtet um die Brust mit einem goldenen Gürtel. Sein Haupt *und sein Haar waren weiß wie weiße Wolle, wie Schnee; seine Augen wie eine Feuerflamme; seine Füße gleichwie goldenes Erz, das im Ofen glüht und seine Stimme wie großes Wasserrauschen. Er hatte sieben Sterne in seiner rechten Hand und aus seinem Munde kam ein scharfes, zweischneidiges Schwert, und sein Angesicht leuchtete wie die Sonne mit aller Kraft. Als ich ihn sah, fiel ich wie ein Toter zu seinen Füßen. Und er legte seine rechte Hand auf mich und sprach zu mir: »Fürchte dich nicht! Ich bin der Erste und der Letzte und der Lebendige...«*

(Off 1, 9-18)

Seit zweitausend Jahren versuchen die Bibelforscher und Theologen herauszufinden, wer diese mysteriöse Person ist, deren Erscheinung Johannes am Anfang der Apokalypse beschreibt. Alle möglichen Antworten wurden darauf gegeben. Für die einen ist es Gott selbst... Nein, denn niemand hat jemals Gott gesehen. Für die anderen ist es Jesus... Auch nicht, denn wenn es Jesus wäre, hätte ihn Johannes, der ihn ja gut kannte, sofort wiedererkannt, und ausgerufen: »Oh Meister, wie bin ich froh, dich zu sehen!« Aber das war es nicht, was er gesagt hat. Er hat ihn erstens nicht wiedererkannt und ist dazu noch wie vom Blitz getroffen vor ihm niedergefallen, vor diesem gewaltigen Wesen, das ein Schwert im Mund hatte und dessen Augen wie Flammen waren. Manche dachten auch, dass es ein Erzengel sein müsse oder gar das Oberhaupt der Throne... Nein. Diese Person, die sich Johannes zeigte, ist Melchisedek.

Seit urdenklichen Zeiten existiert auf der Erde ein Einweihungszentrum, das über alle anderen herrscht. All die anderen Zentren sind nur Ableger dieses einzigartigen Zentrums, in dem das Licht durch die Jahrtausende niemals verloren gegangen ist. Um diese Flamme zu bewahren, muss ein Wesen existieren, das alles Wissen und alle Macht besitzt, ein Wesen, das der Stellvertreter Gottes auf der Erde ist, ein Wesen, das niemals stirbt. Denn die Erde braucht für ihre gesamte Lebenszeit einen Stellvertreter Gottes. Dieses Wesen existiert wirklich, es wird in der Bibel erwähnt und auch in den Überlieferungen aller Völker, wenn auch unter unterschiedlichen Namen, und man kann nicht an seiner Existenz zweifeln.

In der hebräischen Überlieferung trägt es den Namen Melchisedek, König von Salem. Melchisedek bedeutet »König der Gerechtigkeit« (vom Hebräischen »melek«: König, und »zedek«: Gerechtigkeit). Was den Namen der Stadt angeht, deren König er ist, Salem, so hat er dieselbe Wurzel wie das Wort »shalom« (Frieden), die Wortwurzel, die man auch in den Namen Jeruschalaim (Jerusalem) und Schlomo (Salomon) wiederfindet. Melchisedek ist der König der Gerechtigkeit und des Friedens, ein sehr mysteriöses Wesen, über das man kaum etwas weiß. Nur die großen Eingeweihten haben einige Kenntnisse über ihn und in der Bibel wird er nur sehr selten erwähnt.

Moses berichtet in der Genesis von der Begegnung des Melchisedek mit Abraham:

>»Als er nun zurückkam von dem Sieg über Kedor-Laomer und die Könige mit ihm, ging ihm entgegen der König von Sodom in das Tal Schawe, das ist das Königstal. Aber Melchisedek, der König von Salem, trug Brot und Wein heraus. Und er war ein Priester Gottes des Allerhöchsten und segnete ihn und sprach: Gesegnet seist du, Abram, vom allerhöchsten Gott, der Himmel und Erde geschaffen hat, und gelobt sei Gott der Allerhöchste, der deine Feinde in deine Hand gegeben hat. Und Abram gab ihm den Zehnten von allem.«*
(Gen 14, 17-20)

Sicherlich darf dieser Bericht nicht wörtlich genommen werden. Melchisedek, der Höchste der Eingeweihten, hat Abraham nicht aufgesucht, weil dieser in einer Schlacht einige hundert oder auch tausend Feinde besiegt hat. Der Sieg Abrahams über die sieben schändlichen

Könige von Edom stellt den Sieg über die sieben Todsünden dar. Als Belohnung für diesen Sieg hat Melchisedek ihm Brot und Wein gebracht. Viele glauben natürlich, dass dies keine besonders große Belohnung sei, aber das kommt daher, dass sie deren symbolischen Wert nicht verstehen. Denn tatsächlich stehen Brot und Wein symbolisch für die gesamte Einweihungswissenschaft, die auf den beiden kosmischen Prinzipien basiert: dem männlichen Prinzip (symbolisiert durch das Brot) und dem weiblichen Prinzip (symbolisiert durch den Wein), die in allen Bereichen des Universums am Wirken sind. Das ist es, was Melchisedek Abraham gebracht hat. Und Abraham hat sich darauf vor ihm verneigt: Als Zeichen der Dankbarkeit hat er ihm den Zehnten von allem gegeben, das soll heißen, er hat ihm die Reichtümer seines Herzens, seiner Seele und seines Geistes geweiht.

Alle Eingeweihten, die zum Gipfel gelangt sind, sehen Melchisedek vor sich erscheinen. Denn es ist der Meister, der dem Schüler begegnet und nicht, wie viele glauben, der Schüler, der seinen Meister auswählt. Der Meister weiß, wer sein Schüler sein kann; der Schüler hingegen, der oft nicht genau weiß, was er eigentlich sucht, entschließt sich, einem Meister zu folgen, den er vielleicht kurze Zeit später wieder verlassen wird, um einem anderen zu folgen, den er sicherlich ebenfalls wieder verlassen wird... Wie viele glauben Schüler eines Meisters zu sein, der sie in Wirklichkeit gar nicht anerkennt!

Es kommt also immer der Höhere zum Niederen. Melchisedek hat Abraham aufgesucht, um ihn zu segnen und Abraham, der um seinen niedrigeren Stand wusste, bot ihm den Zehnten von allem. Daraufhin weihte Melchisedek ihn in andere Mysterien ein. Abraham verehrte El Schaddai, Gott den Allmächtigen, der dem Bereich der Sephira Jesod entspricht, und Melchisedek, der Priester des Allerhöchsten war, offenbarte ihm Gott genau unter diesem Namen (auf hebräisch El Elion)*. »Der Allerhöchste« entspricht wirklich dem Namen, den die Kabbala der höchsten göttlichen Manifestation gegeben hat, die Kether entspricht, der ersten Sephira.[1]

Eine andere wichtige Stelle, an der Melchisedek in der Bibel erwähnt wird, findet man in dem Brief des Paulus an die Hebräer:

---

* Zum Vergleich der erste Vers des Psalmes 91: »Wer unter dem Schirm des Höchsten sitzt, und unter dem Schatten des Allmächtigen bleibt«: Joschev (derjenige der wohnt), beseter (Schutz, Schirm), Elion (des Höchsten), bezel (unter dem Schatten), Schaddai (des Allmächtigen), itlonom (ruht, bleibt).

»Dieser Melchisedek aber war König von Salem, Priester Gottes des Allerhöchsten, er ging Abraham entgegen, als dieser vom Sieg über die Könige zurückkam und segnete ihn; ihm gab Abraham auch den Zehnten von allem. Erstens heißt er übersetzt: König der Gerechtigkeit; aber auch: König von Salem, das ist: König des Friedens. Er ist ohne Vater, ohne Mutter, ohne Stammbaum und hat weder Anfang der Tage noch Ende des Lebens. So gleicht er dem Sohn Gottes und bleibt Priester in Ewigkeit. Seht aber wie groß der ist, dem auch Abraham, der Erzvater, den Zehnten gab von der eroberten Beute.«

(Heb 7, 1-4)

Ihr wendet ein: »Ohne Vater, ohne Mutter... aber wie ist er dann erschaffen worden?« Ein Wesen, das der Vertreter Gottes auf der Erde ist, besitzt Allmacht über die Materie. Durch die Macht seines Geistes, wobei es sich um den Geist Gottes handelt, kann er sich nach Belieben einen Körper formen oder auch auflösen. Die Materie gehorcht ihm. Aus diesem Grund wird Melchisedek auch »Priester des Allerhöchsten« genannt. Seiner wahren spirituellen Bedeutung nach ist ein Priester jemand, der das Geheimnis der Umwandlung der Materie kennt.[2] Denn das Opfer ist in Wahrheit nichts anderes als eine Verwandlung, der Übergang von Materie in einen reineren, lichtvolleren Zustand. Das Amt des Priesters des Allerhöchsten ist das höchste, das es im Universum geben kann, denn er ist es, der Gott die reinste Quintessenz der Materie darbringt.

Melchisedek ist der Stellvertreter Gottes, der die wichtigste Rolle auf der Erde zu spielen hat. Von ihm kommen alle Anordnungen, die das Schicksal der Menschheit betreffen. Alle großen Eingeweihten wurden durch ihn unterrichtet; Hermes Trismegistos ist ein Aspekt von ihm, und Orpheus, Moses, Pythagoras, Platon, Buddha, Zarathustra... all die Größten haben seine Lehre empfangen, selbst Jesus. Er ist es, der die Heiligen Drei Könige als Repräsentanten seines Reiches ausgesandt hat, um sich vor Jesus zu verneigen, denn Jesus war die Inkarnation des Christusprinzips, des Wortes, das Fleisch geworden ist.[3] Melchisedek aber, Stellvertreter des lebendigen Gottes, der ohne Anfang und Ende ist, er hat eine andere Rolle zu spielen.

Jesus wurde also von Melchisedek unterrichtet, und genau das bringt auch Paulus ganz klar zum Ausdruck, wenn er offenbart, dass Jesus dem Orden des Melchisedek angehörte:[4] »So hat auch Christus sich nicht selbst die Ehre beigelegt, Hoherpriester zu werden, sondern der, der zu ihm gesagt hat: »*Du bist mein Sohn, heute habe ich dich gezeugt.«* Wie er auch an anderer Stelle spricht: *»Du bist ein Priester in Ewigkeit nach dem Orden Melchisedeks.« (Heb 5, 5-6; Ps 2,7; Ps 110,4)* Und etwas weiter sagt Paulus noch: *»Diese Hoffnung haben wir als einen sichern und festen Anker unserer Seele, der auch hineinreicht bis in das Innere hinter dem Vorhang. Dahinein ist der Vorläufer für uns gegangen, Jesus, der ein Hohepriester geworden ist in Ewigkeit und nach dem Orden des Melchisedek.« (Heb 6, 19-20)* Paulus hatte als Meister den Kabbalisten Gamaliel. Von ihm erfuhr er von der Existenz Melchisedeks und von dem Orden, dem Jesus angehörte.

Ich habe euch gesagt, dass Melchisedek dem Abraham Gott unter dem Namen El Elion, der Allerhöchste, offenbart hat. Daran ist bemerkenswert, dass El Elion den selben Zahlenwert besitzt wie Immanuel, welches der Name von Jesus ist. Im Matthäus-Evangelium erschien Joseph ein Engel, um ihm die Geburt eines Kindes anzukündigen. Die Worte des Propheten Jesaja zitierend, sagte der Engel: *»Siehe, eine Jungfrau wird schwanger sein und einen Sohn gebären und sie werden ihm den Namen Immanuel geben.« (Mt 1,23)* Und im Lukas-Evangelium wird Maria von Erzengel Gabriel angekündigt: *»Siehe du wirst schwanger werden und einen Sohn gebären,* *und du sollst ihm den Namen Jesus geben. Er wird groß sein und Sohn des Allerhöchsten genannt werden.« (Lk 1, 31-32)*

Sicher werden manche Christen schockiert sein und protestieren: »Aber das ist eine Sünde, eine Gotteslästerung. Wenn Jesus vom Orden des Melchisedek wäre, bedeutete das, dass Melchisedek über ihm stünde!« Nun, nicht ich sage das, sondern Paulus. Und wenn die Christen schockiert sein wollen, so ist das ihre Angelegenheit. Mit dem Schockiertsein ist es noch lange nicht zu Ende... so lange nicht, bis sie die Wahrheit akzeptieren werden.

Jesus hat sich auf der Erde inkarniert, weil es eben seine Aufgabe war, den Menschen ein Beispiel zu geben, ihnen zu zeigen, was ein Menschensohn vollbringen kann. Melchisedek hingegen hat die Aufgabe, im Geheimen zu bleiben, nicht vor den Menschen in Erscheinung zu treten. Er hat eine andere Aufgabe auszuführen und hat sich daher nicht durch den Leib einer Frau hindurch inkarniert, wie Jesus. Es ist also nur ihre Aufgabe, die unterschiedlich ist. In Wirklichkeit besitzt Jesus die gleiche Wesensart, dieselbe Erhabenheit, dasselbe Licht wie Melchisedek, warum hätte sonst Paulus Jesus mit Melchisedek in Verbindung gebracht?

Jesus war also vom Orden des Melchisedek. Der offensichtlichste Beweis dieser Abstammung ist das heilige Abendmahl, das letzte

Mahl, das er gemeinsam mit seinen Schülern einnahm und im Verlauf dessen er die Gabe des Brotes und des Weines von Melchisedek an Abraham erneuerte. Während dieses Mahls nahm er das Brot, segnete es, reichte es seinen Jüngern und sprach: *»Nehmet und esset, das ist mein Leib...« Und er nahm den Kelch, dankte, reichte ihn seinen Jüngern und sprach: »Trinket alle daraus, das ist mein Blut. Tut dies zu meinem Gedächtnis... Wer mein Fleisch isst und mein Blut trinkt, der hat das ewige Leben.«* *

Dieser heilige Brauch wird jeden Tag während der Messe vom Priester wiederholt, der Brot und Wein weiht, damit sie zu Fleisch und Blut Christi werden. Um die Bedeutung dieser Worte zu verstehen, muss man wissen, dass Brot und Wein, die Produkte aus Weizen und Trauben, Symbole der beiden Prinzipien männlich und weiblich sind, die man in den meisten Einweihungen wiederfindet. Das Brot kann nur zum Fleisch Christi werden und der Wein zu seinem Blut, weil es Sonnensymbole sind. Auf kosmischer Ebene sind Fleisch und Blut Christi das Licht und die Wärme der Sonne, die das Leben hervorbringt, und auf spiritueller Ebene sind Fleisch und Blut Christi die Weisheit und die Liebe. Jesus wollte also

* Mt 26, 26-27; Lk 22, 19-20; Joh 6, 54.

sagen: »Wenn ihr mein Fleisch – die Weisheit – esst und wenn ihr mein Blut – die Liebe – trinkt, werdet ihr das ewige Leben haben.«

Die Kommunion ist eine der grundlegenden Praktiken der christlichen Religion, aber wie viele der Christen haben in den zweitausend Jahren, die sie nun schon zur Kommunion gehen, das ewige Leben erlangt?... Nun, weil es eben nicht genügt, vom Priester gesegnetes Brot und Wein oder Hostien zu nehmen. Jeder Mann und jede Frau müssen Priester, Opferpriester, werden, und sich jeden Tag vor all ihren Zellen zeigen, um ihnen Brot und Wein, Liebe und Weisheit zu geben. Das Sakrament des Abendmahls, durch das die Christen am göttlichen Leben teilhaben, indem sie Fleisch und Blut Christi empfangen, ist eine äußerst machtvolle magische Zeremonie. Und ihr verdankt das Christentum seine Kraft und sein Überleben durch die Jahrhunderte. Warum sollten wir daher nicht unser Verständnis von diesen heiligen Dingen erweitern?

Die achtzehn Jahre zwischen seinem zwölften und seinem dreißigsten Lebensjahr, die in den Evangelien nicht erwähnt werden, verbrachte Jesus im Königreich des Melchisedek; dort studierte und arbeitete er und empfing die Einweihung. Gegen sein dreißigstes

Lebensjahr kehrte er wieder nach Palästina zurück, um dort seine Mission zu erfüllen. Aber er hat auch seine Apostel mit diesem Königreich des Melchisedek in Verbindung gebracht, das alle Religionen erwähnen und an einen unerreichbaren Ort legen, genannt »die Erde der Unsterblichen« oder »die Erde der Lebendigen«, wie es in dem Psalm heißt: *»Ich werde wandeln vor dem Herrn, im Lande der Lebendigen.« (Ps 116, 9)*[5]

Man nennt diesen Ort auch Agartha oder das Königreich des Priesters Johannes. Dieses Reich ist das Königreich des Melchisedek, aber es ist nur bestimmten Eingeweihten bekannt, die mit ihm in Verbindung stehen. Und wenn Jesus auffordert: *»Bittet um das Reich Gottes und alles andere wird euch dazu gegeben«*, hat er damit auch dieses Reich von Melchisedek gemeint, des Königs der Gerechtigkeit.

Kein Eingeweihter kann den Gipfel erreichen, ohne die Schule von Melchisedek zu durchlaufen. Er ist es, der die letzten Grade der Einweihung vergibt. Er ist der einzige wahre Meister von allen großen Meistern und nur von den größten. Er verkörpert seit Anbeginn die Gegenwart des kosmischen Christus auf der Erde. Er überwacht die Evolution der Menschheit, die er nach den Plänen des Herrn lenkt. Und sobald die Menschen beginnen, in der Übertretung der göttlichen Gesetze zu weit zu gehen, greift er ein, um die Ordnung wiederherzustellen. Da die vier Elemente, Erde, Wasser, Luft und Feuer ihm zu Diensten sind, hat er alle Macht.

Jesus selbst hat Melchisedek gebeten, sich vor seinem Jünger Johannes zu manifestieren. Das offizielle Christentum erwähnt diese Tatsachen nicht, aber sie sind in den Archiven der Einweihungswissenschaft niedergeschrieben, und derjenige, der die Möglichkeit hat, dort nachzuforschen, kann sie finden.

Diese Person, die Johannes gesehen hat und die gesagt hat: *»Ich bin Alpha und Omega..., Anfang und Ende...«*, ist also Melchisedek. Gemäß den Zyklen ändert er den Namen, weil sein Name magisch ist. Man findet ihn in der griechischen Mythologie wieder unter dem Namen Minos, König von Kreta, Sohn des Zeus, Gesetzgeber und Richter, aber auch in Indien unter dem Namen Manu. Als ich in Indien war, habe ich einigen Weisen die Frage gestellt: »Gibt es in Ihrer Überlieferung ein Wesen, von dem man sagt, dass es niemals stirbt? – Ja. – Und wie nennen Sie es? – Markande.« Ihr seht also, die Existenz dieses Wesens ist unter verschiedenen Namen in anderen Religionen und Kulturen bekannt, aber es ist immer ein und dasselbe Wesen.

Melchisedek, der das Schicksal der Erde lenkt, ist ein Aspekt des Christus, des kosmischen Prinzips. Das drückt auch Paulus aus, wenn er sagt: *»...dass er dem Sohne Gottes gleicht.« (Heb 7,3)* Es muss immer irgendwo auf der Erde ein göttliches Feuer existieren, das unaufhörlich brennt, und es ist Melchisedek, der dieses Feuer aufrechterhält. Er ist dieses Feuer und alle, die bereit sind, können sich an seiner Flamme entzünden.

Weiterführende Literatur

1. Siehe Band 236 der Reihe Izvor »Weisheit aus der Kabbala – Der lebendige Strom zwischen Gott und Mensch«, Kapitel 2: »Darstellung des Lebensbaumes«.

2. Siehe Band 17 der Reihe Gesamtwerke »Erkenne Dich selbst – Jnani-Yoga«, Kapitel 5: »Das Opfer«.

3. Siehe Band 240 der Reihe Izvor »Söhne und Töchter Gottes«, Kapitel 7: »Der Mensch Jesus und das kosmische Prinzip des Christus«.

4. Siehe Band 240 der Reihe Izvor »Söhne und Töchter Gottes«, Kapitel 6: »Jesus, Hohepriester nach der Ordnung Melchisedeks«.

5. Siehe Band 32 der Reihe Gesamtwerke »Die Früchte des Lebensbaums – Die kabbalistische Überlieferung«, Kapitel 20: »Das Land der Lebendigen«.

Teil 2

Die Person, die Johannes gesehen hat und die er zu Beginn der Apokalypse beschreibt, ist also Melchisedek. Die Leuchter, die um ihn herum aufgestellt sind, bedeuten, dass er alles Wissen besitzt. Er hält in seiner Hand sieben Sterne. Das drückt aus, dass er alle Macht hat. Und ein Schwert ragt aus seinem Mund, um zu zeigen, dass die Macht des Wortes ihm zu eigen ist. Sein Wort löst die Ereignisse aus, lenkt und beherrscht sie. Die zwei Schneiden des flammenden Schwertes, das aus seinem Mund ragt, bedeuten, dass er Macht über das Gute, wie über das Böse besitzt. Er befreit die Geister des Lichts und legt die Geister der Finsternis in Ketten.

Jesus, *»Priester des Allerhöchsten, vom Orden des Melchisedek«*, wie Paulus niedergeschrieben hat, besaß ebenfalls die Macht des Wortes. Durch das Wort hat er die Dämonen vertrieben, die Kranken geheilt, die Toten wieder zum Leben erweckt. Diese Macht des Wortes hat Jesus an seine Jünger weitergegeben, als er ihnen sagte: *»Alles, was ihr auf Erden binden werdet, soll auch im Himmel gebunden sein und alles, was ihr auf Erden lösen werdet, soll auch im Himmel gelöst sein.«* (Mt 16,19)[1]

Wiederholt sagt Melchisedek in der Apokalypse: *»Ich bin Alpha und Omega, der Erste und der Letzte, der Anfang und das Ende.«* Da die Apokalypse in griechisch geschrieben worden ist, sind die verwendeten Buchstaben natürlich der erste und der letzte des griechischen Alphabets. In hebräisch, welches die Sprache der Kabbala ist, und auch diejenige von Jesus und Johannes, sind diese beiden Buchstaben Aleph und Taw. Warum aber diese Erwähnung von Buchstaben des Alphabets? Welchen Wert hat ein Buchstabe, dass ein Wesen von der Größe Melchisedeks sagt: »Ich bin Alpha und Omega«?

Wenn man im Französischen von Herrn X oder Frau Y spricht, meint man irgendjemand beliebigen oder aber auf alle Fälle Leute, bei denen man sich nicht die Mühe macht, sie zu identifizieren. Die Worte von Melchisedek: »Ich bin Alpha und Omega« oder auch »ich bin Aleph und Taw« müssen daher in Bezug auf die symbolische Funktion des Alphabets im hebräischen Denken interpretiert werden. Für die Kabbalisten repräsentieren die Buchstaben unendlich viel mehr als das, was wir Buchstaben nennen, derer wir uns jeden Tag zum Schreiben bedienen. Außerdem dürfen die beiden Buchstaben Aleph und Taw nicht isoliert betrachtet werden. Zwischen dem ersten und dem letzten Buchstaben des Alphabets gibt es all die anderen, denn man kann das Ende nicht vom Anfang trennen, so wie man die Füße nicht vom Kopf trennen kann. Ein Alphabet ist ein Körper, ein lebendiges Ganzes, gebildet aus einer Folge von Elementen, den Buchstaben, und ihre Anordnung ist nicht das Werk des Zufalls.

Für die Kabbalisten sind die zweiundzwanzig Buchstaben des hebräischen Alphabets die analoge Darstellung der zweiundzwanzig Elemente, mit denen Gott die Welt erschaffen hat. Das *Sepher Jetzirah* oder Buch der Schöpfung, das Abraham zugeordnet wird, berichtet, dass Gott am Anfang die Buchstaben aufgerufen hat, um sie mit einer Aufgabe bei der Erschaffung der Welt zu betrauen. Den Urbuchstaben Aleph א, Mem מ und Schin ש war aufgegeben, jeweils die Luft, das Wasser und das Feuer zu erschaffen. Die sieben Doppelbuchstaben Beth ב, Gimel ג, Daleth ד, Kaf כ, Pe פ, Resch ר und Taw ת haben die sieben Planeten erschaffen. Schließlich die zwölf einfachen Buchstaben: He ה, Vau ו, Sajin ז, Cheth ח, Teth ט, Jod י, Lamed ל, Nun נ, Samech ס, Ajin ע, Zade צ

und Kof ק, sie haben die zwölf Tierkreiszeichen geschaffen. Diese zweiundzwanzig Buchstaben, die damit die Gesamtheit der Schöpfung umfassen, stehen für die Elemente und Kräfte, die Tugenden und Qualitäten, die Geister und Mächte, durch deren Kombination das Universum erschaffen worden ist. Mit Hilfe dieser lebendigen Buchstaben hat Gott Worte und Sätze gestaltet und Er fährt fort, Worte und Sätze zu gestalten. Auf diese Weise ist die Welt entstanden und ist weiterhin am Entstehen.

Wenn nun die Eingeweihten den kabbalistischen Sinn der hebräischen Buchstaben studieren, dann tun sie das, um die lebendige Sprache der Natur zu lesen und zu erfassen. »Ich bin Alpha und Omega« bedeutet: Ich bin das WORT*, die zweiundzwanzig Elemente, durch die die Welt erschaffen wurde. So kommen außerdem Verbindungen zum Vorschein, die zwischen der Apokalypse, die in zweiundzwanzig Kapitel aufgeteilt ist (dieselbe Anzahl wie die Buchstaben des hebräischen Alphabets) und dem Evangelium des Johannes bestehen,

---

* Anm. d. Übers.: In der deutschen Sprache gibt es für die französischen Vokabeln »le verbe« und »la parole« nur die Übersetzung »Wort«. »Le verbe« entspricht dem göttlichen, schöpferischen Wort, »la parole« ist der Begriff für das Wort allgemein. Im folgenden Text kommt es jedoch wesentlich auf die Unterscheidung dieser beiden Begriffe an. In der Schreibweise WORT ist »le verbe« gemeint.

das mit den Worten beginnt: »Am Anfang war das WORT, und das WORT war bei Gott und Gott war das WORT... Alle Dinge sind durch dasselbe gemacht, und ohne dasselbe ist nichts gemacht, was gemacht ist...« Diese beiden für das Christentum so grundlegenden Bücher, das Evangelium und die Apokalypse des Johannes stehen unter dem Zeichen des WORTES, des schöpferischen WORTES.

Die meisten Menschen haben jedoch die Gewohnheit, einen derart prosaischen Gebrauch von der Sprache zu machen, dass sie die schöpferische Rolle des Wortes nicht mehr verstehen können. Die Schöpfung, die sie in erster Linie kennen, ist das Hervorbringen von Kindern: Ein Mann und eine Frau, die sich vereinen, um ein Kind zur Welt zu bringen. Nun, genau zwischen diesen beiden Formen der Schöpfung besteht eine große Entsprechung. Denn wie bringt man das Wort hervor? Durch den Mund, der aus der Zunge und den beiden Lippen besteht; die Zunge steht für das männliche Prinzip und die beiden Lippen für das weibliche Prinzip. Sobald nun die Zunge und die beiden Lippen sich in Bewegung setzen, bringen sie das Wort, das Kind hervor. Wenn ihr euch damit begnügt, den Mund zu öffnen, könnt ihr noch kein Wort ausprechen, ihr erzeugt nur einige Töne. Damit es gelingt, wirklich eine verständliche Sprache zu sprechen, müssen die beiden Lippen und die Zunge zusammenwirken, das männliche und das weibliche Prinzip müssen zusammen, vereint sein.

Wenn es darum geht, ein Kind zu zeugen und die beiden Prinzipien, Frau und Mann, getrennt sind, ist ihre individuelle schöpferische Kraft nicht vollständig, sie müssen sich zusammenfinden... und dann? Was für Geschichten und Komplikationen! Romane, Theaterstücke und Filme sind voll von Abenteuern (komische oder tragische!) all derer, die auf diese Weise zusammenfinden wollten! In Gott hingegen, sind die beiden schöpferischen Prinzipien niemals getrennt, und darum ist Gott unaufhörlich schöpferisch tätig. Ein vollständiges Wesen besitzt die beiden Prinzipien.

Versteht mich jetzt bitte nicht falsch. Ich sage nicht, dass man die beiden Prinzipien auf der physischen Ebene haben sollte, das wäre lächerlich. Selbst wenn es eine Theorie gibt, derzufolge der Mensch ursprünglich Hermaphrodit gewesen sein soll, beim derzeitigen Stand der Dinge muss man akzeptieren, dass männliches und weibliches Prinzip getrennt existieren. Die Menschen müssen die beiden Prinzipien auf spiritueller Ebene in sich selbst realisieren: das Prinzip der Liebe und das Prinzip der Weisheit. Denn in dem Moment werden sie in der Wahrheit sein und die Kraft besitzen.

Was ist ein Magier? Ein Magier ist ein schöpferischer Mensch, der zunächst das Wissen besitzt, aber auch die Liebe, um diesem Wissen Leben zu verleihen. Wenn er daher spricht, wird sein WORT, das voll von diesem Licht und dieser Wärme, dieser Weisheit und dieser Liebe ist, mächtig und stark. Auf diese Weise ruft es Wirkungen in der ganzen Welt, in der gesamten Schöpfung, in der sichtbaren und in der unsichtbaren Welt hervor, und setzt Menschen, Engel, Erzengel, Geistwesen und Elemente in Bewegung. Man muss begreifen, dass alles miteinander in Beziehung steht, und dass vom Mensch zum Kosmos eine Entsprechung, eine absolute Übereinstimmung zwischen allen Bereichen der Natur besteht. Die Sonne spricht, ja, die Sonne spricht und ihr Wort ist das Leben, sie spricht und ihr Wort ist das Licht, das hier auf die Erde fällt, auf uns, auf Pflanzen, Tiere und alle Wesen...

Nehmen wir jetzt einmal an, die Zunge sei der Vater, die beiden Lippen die Mutter und das Wort das Kind. Dann ist das, was der Vater der Mutter gibt, das WORT, das anregt und belebt. Ihr werdet selbst herausfinden, was das Licht ist, das von der Sonne kommt; es ist genau dasselbe, wie das, was der Vater der Mutter gibt, um ein Kind zu zeugen. Genauso wie daher die Sonne die Erde befruchtet, befruchtet der Mann die Frau und befruchtet das »WORT«

die Seelen und die Herzen. Es ist dasselbe Gesetz. Und in diesem Sinne wird derjenige der spricht zum Vater, derjenige der zuhört zur Mutter und es werden Kinder geboren. Die Kinder, das sind die Gefühle, die Empfindungen, die Gedanken und die Taten.

Indem ich euch dies erzähle, gelingt es mir nach und nach, einen Teil der Lehre von den beiden Prinzipien, die Melchisedek Abraham gab, wieder ans Licht zu bringen. Jetzt könnt ihr vielleicht verstehen, warum das Symbol für einen großen Eingeweihten die Androgynität ist. Das bedeutet, er ist ein Mensch, der die beiden Prinzipien, männlich und weiblich, in sich selbst besitzt.[2] Um das göttliche Kind, das WORT, in sich zu gebären, muss er zugleich Vater und Mutter, Mann und Frau sein. Ein Eingeweihter ist ein Wesen der Fülle. Um im spirituellen Leben voranzukommen, muss man dieselben Gesetze in allen Bereichen, auf allen Ebenen und in allen Welten anwenden können.[3]

Weiterführende Literatur

1. Siehe Band 15 der Reihe Gesamtwerke »Liebe und Sexualität«, Kapitel 24: »Was ihr auf Erden binden werdet...«.

2. Siehe Band 237 der Reihe Izvor »Das kosmische Gleichgewicht - Die Zahl 2«, Kapitel 17: »Der Mythos des androgynen Menschen«.

3. Siehe Band 237 der Reihe Izvor »Das kosmische Gleichgewicht - Die Zahl 2«, Kapitel 18: »Die Verschmelzung mit der universellen Seele und dem kosmischen Geist«.

Kapitel 4

BRIEFE AN DIE GEMEINDEN VON EPHESUS UND SMYRNA

»Dem Engel der Gemeinde in Ephesus schreibe: Das sagt, der da hält die sieben Sterne in seiner Rechten, der da wandelt mitten unter den sieben goldenen Leuchtern: Ich kenne deine Werke, und deine Mühsal und deine Geduld und weiß, dass du die Bösen nicht ertragen kannst; und du hast die geprüft, die sagen, sie seien Apostel und sind's nicht, und hast sie als Lügner befunden, und hast Geduld und hast um meines Namens willen die Last getragen und bist nicht müde geworden. Aber ich habe gegen dich, dass du die erste Liebe verlässt. So denke nun daran, wovon du abgefallen bist, und tue Buße und tue die ersten Werke! Wenn aber nicht, werde ich über dich kommen und deinen Leuchter wegstoßen von seiner Stätte, wenn du nicht Buße tust. Aber das hast du für dich, dass du die Werke der Nikolaiten hassest, die ich auch hasse.

Wer Ohren hat, der höre was der Geist den Gemeinden sagt! Wer überwindet, dem will ich zu essen geben von dem Baum des Lebens, der im Paradiese Gottes ist.

Und dem Engel der Gemeinde in Smyrna schreibe: Das sagt der Erste und der Letzte, der tot war und ist lebendig geworden: Ich kenne deine Bedrängnis und deine Armut – du bist aber reich – und die Lästerung von denen, die sagen, sie seien Juden und sind's nicht, sondern sind die Synagoge Satans. Fürchte dich nicht vor dem, was du leiden wirst! Siehe, der Teufel wird einige von euch ins Gefängnis werfen, damit ihr versucht werdet und ihr werdet in Bedrängnis sein zehn Tage. Sei getreu bis an den Tod, so will ich dir die Krone des Lebens geben.

Wer Ohren hat, der höre, was der Geist den Gemeinden sagt! Wer überwindet, dem soll kein Leid geschehen von dem zweiten Tode.«

(Off 2, 1-11)

Diese Botschaften an die Gemeinden zu Ephesus und Smyrna enthalten, genau wie alle weiteren an die anderen Gemeinden, zunächst eine Beurteilung ihres Verhaltens, danach Ratschläge, und zum Schluss das Versprechen von Belohnung für denjenigen, der überwinden wird. Der ersten Gemeinde wird dem Überwinder die Frucht vom Baum des Lebens versprochen. Der zweiten, dass er »den zweiten Tod nicht erleiden wird«. Was bedeuten »vom Baum des Lebens essen« und »den zweiten Tod erleiden«? Um diese Bilder zu verstehen, müssen wir uns zunächst mit den beiden Naturen des Menschen befassen, der höheren und der niederen Natur, von denen ich euch schon oft erzählt habe.

Dem Menschen sind im Wesentlichen drei Ausdrucksformen eigen: das Fühlen, das Denken und das Handeln, die dem Intellekt, dem Herzen und dem Willen entsprechen. Und je nachdem, ob er seine niedere Natur oder seine höhere Natur zum Ausdruck kommen lässt, bringt er gewöhnliche oder sogar negative, zerstörerische Gedanken, Gefühle und Handlungen hervor, oder aber im Gegenteil lichtvolle, edle und aufbauende.

Die Abbildung wird euch helfen, dieses Thema besser zu verstehen.

Zur niederen Natur gehören damit der physische, der Astral- und der Mentalkörper, und zur höheren Natur der Kausal-, Buddhi- und Atmankörper. Das macht sechs Körper, die paarweise miteinander verbunden sind. Dem physischen Körper (Wille und Handlung) entspricht der Atmankörper (die göttliche Allmacht, der Geist). Dem Astralkörper

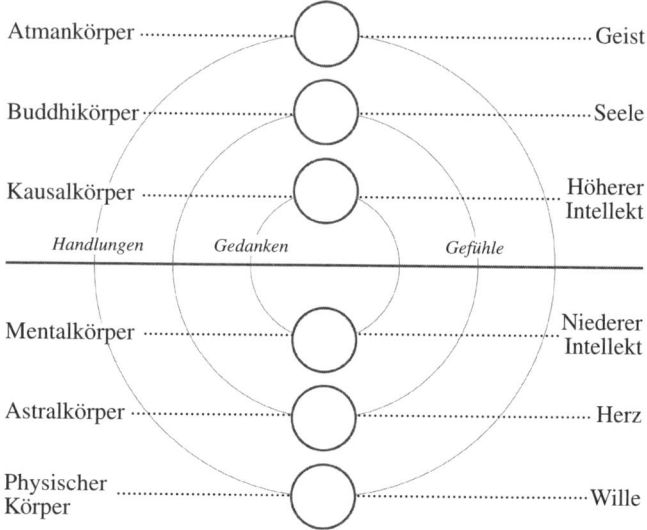

Atmankörper · Geist

Buddhikörper · Seele

Kausalkörper · Höherer
Intellekt

Handlungen   *Gedanken*   *Gefühle*

Mentalkörper · Niederer
Intellekt

Astralkörper · Herz

Physischer
Körper · Wille

NIEDERE NATUR

(menschliche Gefühle) entspricht der Buddhikörper (die göttliche Liebe, die Seele) und dem Mentalkörper (menschliche Gedanken) entspricht der Kausalkörper (die göttliche Weisheit, der höhere Intellekt).

Wie ihr bereits wisst, besitzt jeder Körper ein Doppel. Das Doppel des physischen Körpers ist der ätherische Körper, der ihn belebt und ihm die Empfindungsfähigkeit verleiht; und genauso verhält es sich bei allen anderen

58

Körpern. Man kann diese Abbildung daher vervollständigen, indem man jeden Körper und sein Doppel durch zwei kleine Kreise darstellt und auch die Tierkreiszeichen und die Planeten, die ihnen entsprechen, hinzufügt.*

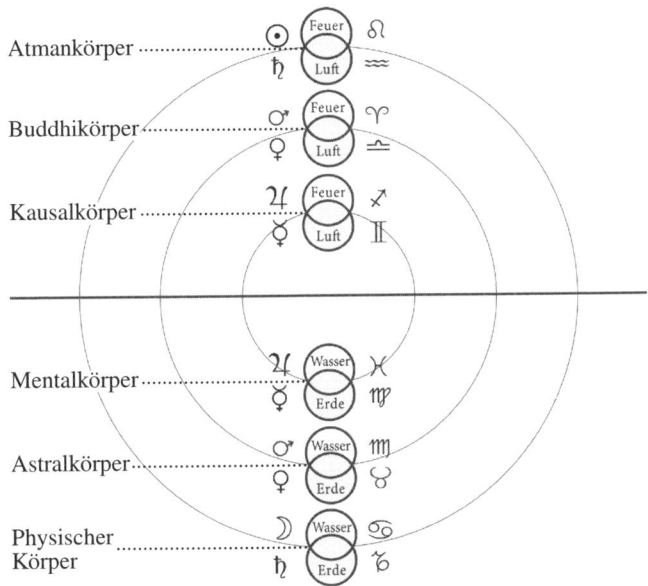

* Ausführliche Erklärungen zu dieser Abbildung siehe Band 220 »Der Tierkreis, Schlüssel zu Mensch und Kosmos«, Kapitel 5 »Die Achsen Widder-Waage und Stier-Skorpion«.

Betrachten wir nun den Tierkreis. Auf diesem Kreis liegt jedes Zeichen einem anderen gegenüber: der Steinbock dem Krebs, der Wassermann dem Löwen, die Fische der Jungfrau, usw. Und diese Verbindungen haben eine besondere Bedeutung.

Die vorige Abbildung zeigt uns, dass der Astralkörper von Mars und Venus beherrscht wird: Mars regt zu Gewalt und Zerstörung an, Venus löst die sinnlichen Leidenschaften aus. Aber der Astralkörper ist mit dem Buddhikörper verbunden, der von denselben Planeten beherrscht wird, jedoch in ihrem höheren Aspekt. Denn die Planeten besitzen

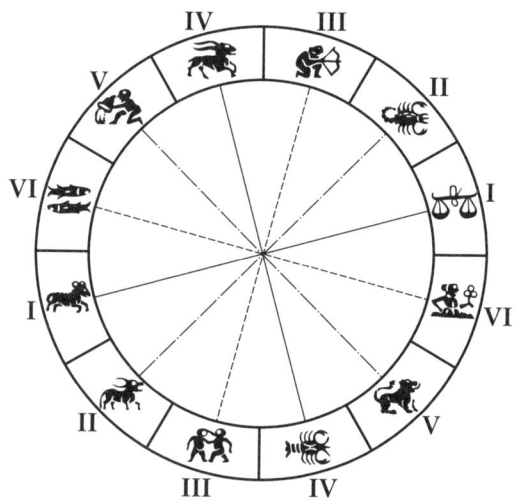

zwei gegensätzliche Aspekte: Mars kann sich als Wut und Aggressivität äußern, aber auch als Mut, Aktivität, Dynamik, ritterlicher Geist, der sich kampfbereit zeigt, um Schwächere zu schützen. Und Venus äußert sich nicht nur als egoistische, sinnliche Liebe, sondern auch als geistige Liebe. Jeder Planet besitzt daher zwei Häuser, eines im unteren Teil der Abbildung und eines im oberen Teil.

Venus und Mars besetzen im unteren Teil die Zeichen Stier und Skorpion, und im oberen Teil die Zeichen Waage und Widder. Nun aber stehen sich Widder und Waage im Tierkreis gegenüber, und genauso wie Stier und Skorpion.

Betrachten wir also die beiden Achsen etwas genauer.

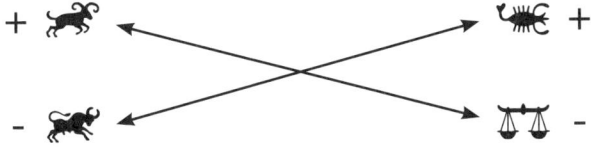

Jede Achse verbindet einen positiven, männlichen Pol mit einem negativen, weiblichen Pol. Hier ist Venus, der weibliche Pol, mit Mars, dem männlichen Pol, verbunden. Stehen männliches und weibliches Prinzip einander gegenüber, bleiben sie nicht inaktiv, sie stimulieren sich, regen sich gegenseitig an, wirken aufeinander ein. Macht folgendes Experiment: Fixiert euren Blick eine Zeit lang auf eine rote Fläche und richtet ihn danach auf eine weiße, ihr werdet dann das Grün erscheinen sehen; und wenn ihr umgekehrt auf Grün schaut, wird danach Rot auftauchen. Nun ist Rot aber die Farbe von Mars und Grün die Farbe von Venus. Dank dem Wissen um dieses Phänomen, können wir die Ursachen für bestimmte psychische Erscheinungen besser verstehen. Wenn ihr mit dem Stier handelt, wird dieser bald Äußerungen des Skorpions nach sich ziehen, und umgekehrt. Wenn ihr mit dem Widder aktiv seid, folgen zwangsläufig Äußerungen der Waage und umgekehrt genauso, denn es besteht eine Verbindung zwischen diesen Zeichen.

Venus im Stier drängt die Menschen, nach physischer Liebe zu streben und nach allen Sinnesvergnügen, aber nach einiger Zeit spüren sie, aufgrund dieser Verbindung zwischen den beiden Planeten, gezwungenermaßen die Einflüsse von Mars im Skorpion. Und sobald

Mars erscheint, bringt er Streitereien, Gewalt und Zerstörung mit sich. Ja, wer sich den Aufwallungen physischer Liebe überlässt, zeigt sich schließlich hart, aggressiv und sogar grausam. Wer sich zu Gewalt und Aggressivität hinreißen lässt, wird umgekehrt sehr schnell zur Beute sexueller Instinkte. Das kann man alles während Kriegen beobachten.

Auf höherer Ebene, wo Venus sich als selbstlose Liebe, Güte, Entsagung und Schönheit äußert, wirkt Mars auch, aber er wird dort nicht umwälzen und zerstören, sondern retten, aufrichten und all das stärken, was in uns und in anderen gut ist. Das ist ein absolutes Gesetz. Derjenige, der von geistiger Liebe erfüllt ist, kann nicht in Gewalt verfallen, er wird im Gegenteil die positiven, segensreichen Kräfte von Mars anziehen. Und wenn Mars sich als erster in euch äußert, als Bemühen um Selbstdisziplin, Beherrschen der Leidenschaften, als Mut in Prüfungen, dann wird auch die Liebe von Venus eure Seele erweitern und euch das ewige Leben kosten lassen.

Betrachten wir jetzt das Zeichen Skorpion. Es entspricht dem achten Haus des Tierkreises, dem Haus des Todes. Zu Beginn des Buches Genesis, wo Moses von der Schöpfung der Welt berichtet, schreibt er, dass Gott Adam und Eva in einen Garten mit den verschiedensten Arten von Bäumen gestellt hat. Von diesen Bäumen erwähnt er zwei: den Baum des Lebens, dessen Früchte sie essen durften, und den Baum der Erkenntnis des Guten und des Bösen, den Er ihnen verboten hatte anzurühren, als Er sagte: *»Wenn ihr davon esst, werdet ihr sterben.«* Der Baum des Lebens und der Baum der Erkenntnis des Guten und des Bösen... findet ihr nicht, dass dies seltsame Namen für Bäume sind? In Wirklichkeit symbolisieren diese Bäume Regionen des Universums und nicht einfach nur Pflanzen. Der Baum des Lebens ist das Symbol für die Einheit des Lebens, dort, wo noch keine Polarisierung existiert, das heißt, wo es weder männlich noch weiblich, weder Licht noch Finsternis gibt. Der andere Baum hingegen steht für den Bereich der Polarisation, dort, wo man den Wechsel von Tag und Nacht, von Freude und Leid und aller Gegensätze erfahren muss.

Gott hat zu Adam und Eva gesagt: *»Eine Zeit wird kommen, wo ihr von dieser Frucht essen könnt, aber im Augenblick seid ihr noch zu schwach, und wenn ihr davon esst und mit den Kräften, die sie enthält, in Berührung kommt, werdet ihr sterben.«* Doch Adam und Eva haben von dieser Frucht gegessen und sind am Leben geblieben, meint ihr. Ja, denn in Wirklichkeit gibt es in der Natur keinen Tod; das, was man »Tod« nennt, ist nur die Veränderung eines Bewusstseinszustandes oder eines Zustandes der Materie.

Auf diesen Wechsel des Bewusstseinszustandes wird in der Genesis nur dadurch hingewiesen, dass Adam und Eva plötzlich ihre Nacktheit feststellten. Als sie glücklich im Garten Eden lebten, heißt es: *»Mann und Frau waren beide nackt und schämten sich nicht.«* Und etwas weiter, als sie die verbotene Frucht gegessen hatten: *»Da wurden ihnen beiden die Augen aufgetan und sie wurden gewahr, dass sie nackt waren; und sie flochten Feigenblätter zusammen und machten sich Schurze.«* Dieses plötzliche Bewusstsein ihrer Nacktheit beweist, dass sich etwas in ihnen geändert hatte. Das war ihr Körper, der bis dahin aus einer feinstofflichen, leuchtenden Materie bestand und sich nun verfestigt, materialisiert hatte. Und darum nahmen sie ihre Nacktheit wahr und spürten das Bedürfnis, sich zu bekleiden. Wenn ein Mensch aus reinem Licht besteht, fragt man sich nicht, ob er nackt oder bekleidet ist. Seine Formen sind verwischt und seine Kleider verschmelzen mit seinem Körper. Wenn er aber in die Materie hinabsteigt, verdichten sich die Formen und wenn er keine physischen Kleider trägt, ja dann sieht man, dass er nackt ist.

Wenn wir jetzt noch einmal die Abbildung Nr. 2 aufgreifen, sehen wir, dass in der Einweihungstradition der »Sündenfall« genannt wird, was in Wirklichkeit ein Abstieg auf die

Astralebene ist. Adam und Eva, die auf der Buddhi-Ebene lebten, wo Venus und Mars in ihrem höheren Aspekt herrschen, sind auf die Astralebene gefallen, wo Venus und Mars in ihrem niederen Aspekt herrschen. Im Tierkreis ist der Baum der Erkenntnis des Guten und des Bösen durch die Achse Stier-Skorpion dargestellt, der Baum des Lebens dagegen durch die Achse Widder-Waage. Wer in Sinnlichkeit und Leidenschaften lebt, isst die Frucht des Baumes der Erkenntnis des Guten und des Bösen, er stirbt jeden Tag auf der höheren Bewusstseinsebene, wer sich aber beherrscht, isst von der Frucht des Baumes des ewigen Lebens im wahren Reiche Gottes.

Nehmen wir uns nun wieder den Text der Briefe an die Gemeinden von Ephesus und Smyrna vor und wir werden sehen, wie alles klarer wird, dank der Erklärungen, die ich euch bezüglich der Achsen von Widder-Waage und Stier-Skorpion gegeben habe. »Schreibe an die Gemeinde von Ephesus: Ich weiß um deine Werke, deine Arbeit und deine Beharrlichkeit (Arbeit, Beharrlichkeit und Mut sind Qualitäten des höheren Mars)... aber ich habe wider dich, dass du deine erste Liebe verlassen hast (das heißt, die höhere Venus). Erinnere dich also von wo du gefallen bist, bereue und tue deine ersten Werke (bleibe nicht in den

Sümpfen der Astralebene, sondern bemühe dich, die Kraft und die geistige Liebe der Buddhi- Ebene wiederzufinden). Aber das hast du, dass du die Werke der Nikolaiten hassest, die auch ich hasse. (Der Widder ist ein Pflanzenfresser und ein Symbol der Reinheit. Die Nikolaiten waren eine häretische Sekte, die an Gastmählern teilnahm, bei denen den Gästen Fleisch von Götzenopfern vorgesetzt wurde.) Dem der überwindet werde ich von der Frucht des Baumes des Lebens, der im Paradiese Gottes steht, zu essen geben (die Qualitäten und Freuden der göttlichen Liebe auf der Buddhi-Ebene).«

Und an die Gemeinde von Smyrna heißt es: »Ich kenne deine Trübsal und deine Armut, obwohl du reich bist (der Stier entspricht dem zweiten Haus in der Astrologie, dem des Reichtums, des Wohlstands. Es geht hier also um die geistige Armut der Gemeinde von Smyrna, die unter den Einfluss der niederen Venus im Stier gefallen ist und unter den Einfluss des niederen Mars im Skorpion, woraus die zum zweiten Mal erwähnte Trübsal entsteht). Der Teufel wird etliche von euch ins Gefängnis werfen, damit ihr auf die Probe gestellt werdet, und ihr werdet zehn Tage lang Trübsal haben. Seid treu bis in den Tod und ich werde euch die Krone des Lebens geben. ... Wer überwindet, dem soll kein Leid geschehen von dem zweiten Tode. (Niemand kann dem ersten Tod entkommen, dem physischen Tod, wer aber seine Leidenschaften überwindet, wird dem zweiten Tod, dem geistigen Tod entgehen, den der Skorpion bringt).«

Weiterführende Literatur

1. Siehe Band 213 der Reihe Izvor »Die menschliche und göttliche Natur in uns«.
2. Siehe Band 2 der Reihe Gesamtwerke »Die spirituelle Alchimie«, Kapitel 2: »Wenn ihr nicht sterbt, werdet ihr nicht leben«.
3. Siehe Band 235 der Reihe Izvor »Im Geist und in der Wahrheit – Wie finde ich zu Gott?«, Kapitel 8: »Das Lichtkleid«.

Kapitel 5

BRIEF AN DIE GEMEINDE VON PERGAMON

»Und dem Engel der Gemeinde zu Pergamon schreibe: Das sagt, der da hat das scharfe zweischneidige Schwert: Ich weiß wo du wohnst: da, wo der Thron des Satans ist; und hältst an meinem Namen und hast den Glauben an mich nicht verleugnet, auch nicht in den Tagen, als Antipas, mein treuer Zeuge, bei euch getötet wurde, da, wo der Satan wohnt. Aber einiges habe ich gegen dich: du hast Leute dort, die sich an die Lehre Bileams halten, der den Balak lehrte, die Israeliten zu verführen, vom Götzenopfer zu essen und Hurerei zu treiben. So hast du auch Leute, die sich in gleicher Weise an die Lehre der Nikolaiten halten. Tue Buße; wenn aber nicht, so werde ich bald über dich kommen und gegen sie streiten mit dem Schwert meines Mundes.

Wer Ohren hat, der höre, was der Geist den Gemeinden sagt! Wer überwindet, dem will ich geben von dem verborgenen Manna und will

*ihm geben einen weißen Stein; auf dem Stein
ist ein neuer Name geschrieben, den niemand
kennt als der, der ihn empfängt.«*

(Off 2, 12-17)

Ich werde mich nur mit den letzten Sätzen
dieses Briefes an die Gemeinde von Pergamon
befassen: *»Dem, der überwindet, werde ich
von dem verborgenen Manna geben und will
ihm geben einen weißen Stein; auf dem aber
steht ein neuer Name geschrieben, den niemand kennt als der, der ihn empfängt.«*
Man hat viel von diesem weißen Stein
gesprochen. Was kann ein Stein wohl derart
Außergewöhnliches an sich haben, dass man
ihn jemandem als Belohnung gibt, der einen
Sieg errungen hat?... Da ein Name auf ihm
geschrieben steht, trägt er Zeichen, vergleichbar
mit denen, die auf einem Talisman oder Pentakel stehen. In Wirklichkeit ist ein Pentakel nicht
genau dasselbe wie ein Talisman. Ein Pentakel
ist ein Bild, das in Metall oder Stein eingraviert,
auf Pergament gezeichnet oder auch auf Stoff
gestickt sein kann, und auf dem Buchstaben
geschrieben stehen. Ein Talisman ist ein Gegenstand – z.B. ein Stein, eine Blume, ein Insekt,
ein Ring oder ein Armband – Träger einer Kraft,
mit der er imprägniert worden ist, sei es durch
die Natur selbst oder durch einen in der psychischen Welt sehr mächtigen Menschen.

70

Viele Leute wollen einen Talisman haben, um von seiner Hilfe und seinem Schutz zu profitieren. Sicher, das ist nicht schlecht, aber man darf sich nicht einbilden, dass ein wahrer Talisman so leicht zu finden sei. All die Steine, die Ringe, Kreuze usw., die man euch in manchen Läden verkauft und euch dabei erzählt, dass sie euch vor Krankheiten schützen und Liebe, Glück und Ruhm anziehen... Gott allein weiß, was diese Dinge euch tatsächlich bringen werden! Denn es ist keineswegs so einfach, einen Talisman zu präparieren. Das setzt die Kenntnis der Gesetze der Entsprechung zwischen den physischen Gegenständen und den kosmischen Kräften voraus. Man muss nicht nur das passende Metall oder den Stein auswählen, sondern auch die Zeichen und Buchstaben kennen, die die Fähigkeit haben, die segensreichen Kräfte anzuziehen und festzuhalten.

Eine sehr große Zahl von Talismanen trägt in hebräisch geschriebene Namen. Warum? Weil für die Kabbalisten jeder Buchstabe des hebräischen Alphabets mit geometrischen Formen in der Natur in Verbindung steht, und weil hinter jeder geometrischen Form bestimmte Kräfte wirken. Die Natur weiß ihre eigenen Formen mit den Buchstaben, die deren Darstellung sind, zu verbinden, und wer die Entsprechung jedes Buchstaben mit den unsichtbaren

Kräften kennt, kann kosmische Strömungen auslösen. Indem man also bestimmte Formen darauf schreibt oder eingraviert, stellt man eine Verbindung mit den entsprechenden Wesenheiten der unsichtbaren Welt her. Die Eingeweihten versuchen also die Verbindungen zwischen den Kräften, den Formen und den Buchstaben, sowie deren Handhabung herauszufinden, um eine segensreiche Verbindung zwischen Himmel und Erde herzustellen.

Jemand, der einen Talisman vorbereitet, geht genauso vor wie die Natur, wenn sie die Steine, Pflanzen, Tiere und sogar die Menschen mit einer Quintessenz erfüllt, die man anschließend aus ihnen schöpfen kann. Er benutzt die in allen Dingen vorhandenen natürlichen Energien. Aber er muss die Gesetze kennen und darf sich dieser Energien niemals für selbstsüchtige, egoistische Zwecke bedienen. Wenn man daher einen Talisman besitzen möchte, sollte man besser die Person, die ihn präpariert hat, kennen, und sich ihrer Reinheit, Aufrichtigkeit, Gerechtigkeit und Geistesklarheit sicher sein, sonst wird der Gegenstand, der einem Segen bringen soll, gänzlich unwirksam oder sogar schädlich sein. Aber ja, leider kommt auch das vor, denn jeder Mensch kann aus dem Raum nur Elemente von gleicher Natur und Qualität anziehen, wie er sie bereits in sich selbst besitzt.

Man sollte allerdings auch die Beweggründe der Personen kennen, die sich einen Talisman wünschen. Wollen sie damit in einer lichtvollen, selbstlosen Arbeit unterstützt werden oder aber Erfolg haben, ohne sich selbst anstrengen zu müssen? Leider kommt der zweite Fall wesentlich häufiger vor. Dieser Wunsch, einen Talisman zu besitzen, entsteht sehr oft aus Begehrlichkeit und Trägheit. Warum studieren, nachdenken, meditieren, beten, achtsam sein? Man hat ja einen Talisman, er wird die Arbeit schon tun, und währenddessen geht sein Besitzer spazieren, kostet alle Vergnügen aus und profitiert von dem Vorteil, den ihm der Talisman verschafft. Nein, dazu darf ein Talisman auf keinen Fall dienen. Darum kommt ein wahrer Magier auch nicht jeder Bitte um einen Talisman nach. Mehrmals haben mich Personen gebeten, ihnen einen Talisman herzustellen, den sie mir sogar teuer bezahlen wollten. Ich habe abgelehnt, denn ich wusste, dass diese Personen, entsprechend dem Gebrauch, den sie davon machen würden, nichts Gutes gewinnen würden, im Gegenteil, und dass sie ihrer Umgebung schaden könnten.[1]

Ich sage euch auch, dass der mächtigste Talisman völlig wirkungslos sein kann, weil seine Macht in Wirklichkeit von vielen anderen Faktoren abhängt. Seht übrigens, was der Geist der Gemeinde zu Pergamon sagt:

»Demjenigen, der überwinden wird, werde ich einen weißen Stein geben.« Man wird ihn ihm geben, das ist wahr, aber erst wenn er überwunden haben wird. Und was meint ihr, was er überwinden muss? Einen Feind? Einen Rivalen?... Nein, sich selbst, seine Schwächen, seine Leidenschaften, all seine niederen Neigungen.[2] Der Geist sagt nicht, dass der Mensch dank des Talismans, den er bekommen hat, siegen wird. Nein, er muss vorher siegen. Er muss damit beginnen, die notwendigen Tugenden und Qualitäten zu erwerben, die es ihm ermöglichen, den Sieg davonzutragen, und erst nachdem er gesiegt hat, wird er vom Himmel das verborgene Manna und den weißen Stein bekommen. Dieses »Manna« und dieser »Stein« sind in Wirklichkeit weder eine materielle Nahrung noch ein materieller Stein, sondern das Symbol für spirituelle Errungenschaften, die es ihm ermöglichen, auf dem Weg der Evolution weiter voranzuschreiten. Die Tugenden, sie sind die einzig wahre Nahrung, der einzig wahre Talisman.

Das verborgene Manna, die Nahrung, die das ewige Leben bringt, ist nichts anderes als ein Bewusstseinszustand, in dem der Mensch die Fülle, die Unermesslichkeit, die Ewigkeit kostet. Was den weißen Stein angeht, so ist er das Symbol der dank der Reinheit erlangten Selbstbeherrschung und inneren

Kraft. Tatsächlich repräsentieren, dem Gesetz der Analogie entsprechend, die so reinen und klaren Kristalle und Edelsteine die höchste Sphäre des Universums. Sie sind mit der Atmanebene verbunden und haben die Macht, kosmische Energien zu kondensieren, die man dann aus ihnen schöpfen und verwenden kann. Der weiße Stein bedeutet darum die Kristallisation der Quintessenz der Atmanebene, die reines Licht ist.

Und auf diesen Stein ist ein neuer Name geschrieben... Was bedeutet das? Für die Einweihungswissenschaft ist ein Name von ungeheurer Bedeutung, denn durch seine Schwingungen ist es seine Aufgabe, die Essenz eines Wesens oder Gegenstandes zum Ausdruck zu bringen. Sobald Gott den ersten Mann und die erste Frau erschaffen hatte, gab er ihnen einen Namen und den Auftrag, dass auch sie den Tieren und Pflanzen einen Namen geben sollten. Der Name beinhaltet die Wesenheit, die ihn trägt. Er stellt sie zusammenfassend dar. Wenn es einem Menschen gelingt, sich auf eine höhere Stufe seines Bewusstseins zu erheben, bekommt er einen neuen Namen. Ja, weil er ein erneuerter Mensch ist. Und so ist aus Abram Abraham geworden, wie es in der Genesis heißt: *»Da fiel Abram auf sein Angesicht. Und Gott redete weiter mit ihm und sprach: Siehe, ich habe meinen Bund mit dir,*

*und du sollst ein Vater vieler Völker werden.
Darum sollst du nicht mehr Abram heißen,
sondern Abraham soll dein Name sein; denn
ich habe dich gemacht zum Vater vieler Völker.«* (Genesis 17, 3-7)

Ebenso bekam Saulus, der die Christen verfolgte, nach seiner Bekehrung den Namen Paulus. Durch seine Vibrationen drückt der neue Name, den der erneuerte Mensch bekommt, genau die Quintessenz seines spirituellen Wesens aus. Jeder Mann und jede Frau trägt einen Namen, den ihnen ihre Eltern bei der Geburt gegeben haben, aber die meiste Zeit kommt dieser Name nicht recht zum Ausdruck. Der Name hingegen, den er von himmlischen Wesenheiten bekommt, ist genau der, welcher ihm entspricht, der exakt das zum Ausdruck bringt, was er in seinem tiefsten Innern ist. Und dieser Name ist im Grunde der einzige, den es wahrhaft zu kennen gilt, weil der Mensch mit ihm verschmilzt.

Weiterführende Literatur

1. Siehe Band 226 der Reihe Izvor »Das Buch der göttlichen Magie«, Kapitel 1: »Die Wiederkehr magischer Praktiken und ihre Gefahr«.

2. Siehe Band 238 der Reihe Izvor »Der Glaube versetzt Berge«, Kapitel 13: »Rabota, vreme, vera: Arbeit, Zeit, Glaube«.

Kapitel 6

BRIEF AN DIE GEMEINDE VON LAODIZEA

»Und dem Engel der Gemeinde in Laodizea schreibe: Das sagt, der Amen heißt, der treue und wahrhaftige Zeuge, der Anfang der Schöpfung Gottes: Ich kenne deine Werke, dass du weder kalt noch warm bist. Ach, dass du kalt oder warm wärest! Weil du aber lau bist und weder warm noch kalt, werde ich dich ausspeien aus meinem Munde. Du sprichst: Ich bin reich und habe genug und brauche nichts! Und weißt nicht, dass du elend und jämmerlich bist, arm, blind und bloß. Ich rate dir, dass du Gold von mir kaufst, das im Feuer geläutert ist, damit du reich werdest, und weiße Kleider, damit du sie anziehst und die Schande deiner Blöße nicht offenbar werde, und Augensalbe, deine Augen zu salben, damit du sehen mögest. Welche ich lieb habe, die weise ich zurecht und züchtige ich. So sei nun eifrig und tue Buße! Siehe, ich stehe vor der Tür und klopfe an. Wenn jemand meine Stimme hören wird und die Tür auftun, zu dem werde ich hineingehen

und das Abendmahl mit ihm halten und er mit mir. Wer überwindet, dem will ich geben, mit mir auf meinem Thron zu sitzen, wie auch ich überwunden habe und mich gesetzt habe mit meinem Vater auf seinen Thron.«

(Off 3,14-22)

»Weil du lauwarm bist und weder warm noch kalt, werde ich dich ausspeien aus meinem Munde.« Wer hörte diese Worte nicht mit Betroffenheit? Und seit zweitausend Jahren, in denen man sie ständig wiederholt, glaubt man, sie zu verstehen, weil alle die Erfahrung von Wärme und Kälte gemacht haben. Ja, alle haben diese Erfahrung gemacht, doch in Wirklichkeit kennt man ihre tiefere Bedeutung nicht, und deshalb sind noch einige Erklärungen dazu notwendig.

Man setzt oft die Kälte mit dem Bösen gleich, mit allem was zusammenzieht und lähmt, die Wärme hingegen symbolisiert alles was gut, schön, lebendig, großzügig ist. Daraus hat man gefolgert, dass der Geist sagen wollte: »Entscheide dich für das Gute oder für das Böse, bleib nicht unschlüssig zwischen den beiden«, als ob lauwarm sein bedeuten würde, weder gut noch böse zu sein. An dieser Interpretation ist vielleicht etwas Wahres dran, aber sie ist unvollständig.

Was man zunächst einmal wissen muss ist, dass es zwei Arten von Wärme und Kälte gibt. Es gibt die Wärme, die ausdehnt, belebt und reifen lässt, und es gibt die Wärme, die verbrennt und zerstört und nichts als Asche hinterlässt. Es gibt die Kälte, die alles was gut ist konserviert und ausgezeichnete Bedingungen für das Denken schafft, und es gibt die Kälte, die alles Leben zerstört. Wir müssen daher diese beiden Arten von Wärme und Kälte untersuchen.

In den Äquatorialregionen, wo sehr große Wärme herrscht, gibt es eine reichhaltige, mannigfaltige und farbenprächtige Flora und Fauna. Aber man findet dort auch die gefährlichsten Tiere. Was die Menschen dort angeht, so sind sie zugleich feuriger in ihren Leidenschaften, aber auch träge und faul. Die Wärme regt nicht zu Arbeit und Disziplin an. Geht in die kalten Regionen und ihr werdet dort weniger Überfluss und Artenreichtum vorfinden, aber auf friedvollere, nachdenklichere und aktivere Menschen treffen. In den warmen Ländern gibt es keine großen Philosophen, man ist dort vornehmlich damit beschäftigt zu essen, auszuruhen, zu lieben oder sich zu bekriegen. Die Kälte dagegen schafft gute Bedingungen für die Aktivität des Intellekts, sie zwingt zum Nachdenken, zu geistiger Beweglichkeit. Aber in der Kälte entwickelt sich das Herz nicht, es braucht Wärme, da erwacht es und weitet sich.

Der Intellekt hingegen schläft ein. Die Wärme begünstigt also die Leidenschaften im Menschen, sie drängt ihn zu Handlungen, die das rechte Maß der Weisheit überschreiten. Darum bedarf er der Kälte. In zu großer Kälte aber verschließt er sich und wird distanziert, unsensibel und hochmütig. Symbolisch gesehen kann man sagen, dass der Äquator dem Magen und dem Geschlecht entspricht, und die Polarzone dem Kopf.

Der Kreislauf des Wassers in der Natur stellt dieses Thema von Wärme und Kälte wiederum unter einem anderen Aspekt dar. Das Wasser verdunstet unter dem Einfluss der Sonnenstrahlen; in der Atmosphäre angelangt kühlt es ab und fällt in Form von Schnee auf die Gipfel der Berge. Aber dort bleibt es nicht. Nach einer gewissen Zeit beginnt der Schnee durch die Wärme der Sonne zu schmelzen und kehrt als Wasser in die Täler zurück. Und der Kreislauf beginnt von neuem... Ihr seht, wie die Natur diesen Wechsel von Wärme und Kälte nutzt. Und die Eingeweihten, die die Natur beobachten, haben sich in ihrer Pädagogik davon inspirieren lassen.

Sobald ein Meister feststellt, dass ein Schüler kalt und frostig wird, lässt er ihn in die Täler hinabsteigen, um sich aufzuwärmen, das heißt, er rät ihm, die Liebe zu entwickeln, indem er sich unter die Menge mischt, sich mitten ins Leben hineinbegibt. Denjenigen hingegen, die zu sehr der Wärme ausgesetzt sind, rät er, sich so oft wie möglich bis zur Kälte der Berggipfel hinaufzubegeben. Und was ist die Kälte der Gipfel? Die Meditation, das Gebet. Auf diese Weise erheben sich die Schüler durch das Denken, um dem Brennen des Herzens zu entfliehen. Wenn sie die Gipfel erreicht haben und die Lage klar erkennen, fühlen sie sich gerettet und sagen sich: *»Danke, Herr, wenn ich nicht hätte entkommen können, wäre ich verbrannt.«*

Das ist die Methode, die all diejenigen anwenden sollten, die das Opfer ihrer Herzensqualen sind. Sie sollten sich zu den Höhen begeben, was sie weise und umsichtig machen wird. Indessen ist es für den Schüler gut, nicht zu lange auf den Gipfeln zu bleiben, sonst wird er hochmütig, distanziert, unerreichbar; er muss wieder in die Täler hinabsteigen, um all seinen Brüdern und Schwestern zu helfen. Es ist nicht notwendig, zu lange auf dem Gipfel der Berge zu verweilen, symbolisch gesprochen.[1]

Betrachtet eine Schlange. Der Wärme ausgesetzt, wird sie außerordentlich beweglich, schnell und kann euch beißen. Setzt sie der Kälte aus und sie wird harmlos. Nun gibt es aber in jedem Menschen eine wohlbekannte Schlange: die Sexualkraft. Sobald die Wärme im Menschen zunimmt, wird diese Schlange derart stark, dass es unmöglich ist, sich vor ihren Bissen zu schützen. Es ist daher notwendig, sie ein wenig der Kälte auszusetzen. Die Sexualkraft erwacht in der Wärme der Leidenschaften, sie wird ungefährlich in der Kälte der Vernunft.

Mit diesen Erklärungen beginnt der Brief an die Gemeinde von Laodizea verständlicher zu werden. *»Du bist weder warm noch kalt«*, das heißt in Wirklichkeit, du bist weder auf dem Berg noch im Tal, du besitzt weder Weisheit noch Liebe. Denn eben das bedeutet in Wahrheit lauwarm zu sein: weder Weisheit noch Liebe zu haben. Und wenn man weder Weisheit noch Liebe hat, kann man nicht in der Wahrheit leben. Nehmen wir ein sehr einfaches Beispiel aus dem täglichen Leben. Ihr taucht eure linke Hand in warmes Wasser, eure rechte Hand in kaltes Wasser und verweilt einige Minuten so. Jede Hand nimmt dann allmählich die Temperatur des sie umgebenden Wassers an. Nehmt jetzt schnell eure Hände heraus und taucht sie beide in lauwarmes Wasser, was stellt ihr fest? Dass eure linke Hand es kalt findet, eure rechte Hand dagegen warm! Ihr könnt die Temperatur dieses Wassers daher nicht bestimmen. Jede Hand hat eine Empfindung, die vom Unterschied zwischen dem Wasser, in das sie eingetaucht war und dem lauwarmen Wasser herrührt. Ebenso werdet ihr niemals zu rechter Erkenntnis gelangen, wenn ihr euch mit »lauwarmen« Gedanken, Gefühlen oder Handlungen zufrieden gebt. Im Lauwarmen befindet man sich ewig im Irrtum. Darum sagt der Geist zur Gemeinde von Laodizea: *»Sei warm oder kalt.«*

Kommen wir jetzt auf die beiden Arten von Wärme und Kälte zurück, von denen ich euch zuvor berichtet habe. Es gibt eine Wärme, die von der Sonne kommt und eine andere vom Mars. Es gibt eine Kälte, die vom Saturn kommt und eine andere von der Erde. Die Sonne steht für die belebende Wärme und Mars für das Feuer der Leidenschaft, das alles zerstört. Saturn steht für die Kälte der Intelligenz, der Weisheit, und die Erde für die Kälte der Trennung und des Todes. Für die Kälte stehen also Saturn und Erde, und für die Wärme Sonne und Mars. Das Lauwarme aber, das ist der Mond. In der Tat ist alles, was der Mond berührt vage, blass und geschmacklos, und die Menschen, die unter dem Einfluss des Mondes stehen, sind gleichgültig, unentschlossen, unbestimmt. Man darf nicht in diesem lauwarmen Zustand bleiben, sondern man muss etwas tun, um sich zu erwärmen oder abzukühlen. Ich spreche hier natürlich von der guten Seite der Wärme und der Kälte. Um sich abzukühlen, muss man die Gipfel erklimmen, das heißt nachdenken, meditieren. Um sich zu erwärmen, muss man ein wenig in die Täler hinabsteigen, in die Nähe seiner Mitmenschen, seiner Brüder und Schwestern. Durch die Weisheit kühlt man sich ab und durch die Liebe erwärmt man sich.

Man darf aber keineswegs sein ganzes Leben lang ausschließlich kalt oder warm bleiben. Derjenige, der kalt ist, muss sich auch erwärmen können und umgekehrt. Durch diesen Übergang von einem Pol zum anderen, findet er das Gleichgewicht wieder, er entdeckt das Leben, das in dieser auf- und absteigenden Bewegung vorhanden ist. Wer ewig in der Kälte oder in der Wärme bleibt, entwickelt sich nicht, für ihn ist alles zu Ende. Wie geht ihr vor, wenn ihr Gemüse kochen wollt? Ihr stellt einen Topf aufs Feuer, nehmt ihn aber nach einer bestimmten Zeit wieder herunter. Warum lasst ihr nicht alles verbrennen? Weil ihr weise seid. Wenn ihr für jemanden Liebe spürt, wunderbar; doch die Weisheit sagt euch, nicht allzu weit zu gehen, denn das ist nicht wünschenswert. Wenn die Wärme in euch aufsteigt, verursacht durch einen Mann oder eine Frau, lasst den Topf nicht auf dem Feuer! Ihr versteht, was ich meine, nicht wahr? Die Wärme der Liebe ist willkommen, aber unter der Bedingung, dass sie von der Kälte der Weisheit ausgeglichen wird.

Schauen wir uns jetzt noch einmal den Tierkreis an. Wir haben bereits von den sechs Achsen gesprochen, die jedes Tierkreiszeichen mit dem ihm genau gegenüberliegenden bildet. Es sind die Achsen Widder-Waage, Stier-Skorpion, Zwillinge-Schütze, Krebs-Steinbock, Löwe-Wassermann, Jungfrau-Fische, und wir haben gesehen, dass die Worte des Geistes an die Gemeinden von Ephesus und Smyrna genau mit den Achsen Widder-Waage und Stier-Skorpion in Verbindung stehen. Jede Gemeinde, an die sich der Geist gewandt hat, ist auf diese Weise mit einer der Achsen des Tierkreises verbunden. Ihr meint, es gäbe doch sieben Gemeinden und nur sechs Achsen. Nein, es gibt genau sieben, aber die letzte ist nicht im Zodiak eingezeichnet. Die siebte Achse ist diejenige, die senkrecht durch den Mittelpunkt des Tierkreises geht, sie ist der Ausgangspunkt für ein neues Miteinander der sechs Prinzipien.

Es gibt mehrere symbolische Darstellungen des Kreises, darunter ist auch die des geflügelten Rades. Im geflügelten Rad stellen die Flügel genau diese siebte Achse dar, um die herum sich das Rad des Tierkreises durch den Weltraum bewegt. Diese siebte Achse ist die Kraft, die die sechs anderen in Bewegung versetzt. Es gibt auch die Räder, die Ezechiel gesehen hat: *»Als ich die Gestalten sah, siehe, da stand* *je ein Rad auf der Erde bei den vier Gestalten, bei ihren vier Angesichtern. Die Räder waren anzuschauen wie ein Türkis und waren alle vier gleich, und sie waren so gemacht, dass ein Rad im anderen war. Nach allen vier Seiten konnten sie gehen; sie brauchten sich im Gehen nicht umzuwenden. Und sie hatten Felgen, und ich sah, ihre Felgen waren voller Augen ringsum bei allen vier Rädern.«* (Ezechiel 1, 15-19). Diese vier Räder stellen den Zodiak dar.

Aber greifen wir wieder die Worte auf, die der Geist an die Gemeinde richtet: *»Du bist weder kalt noch warm, ich rate dir, dass du Gold von mir kaufest, das im Feuer geläutert ist, damit du reich werdest, und weiße Kleider, damit du sie anziehst und die Schande deiner Blöße nicht offenbar werde, und Augensalbe, deine Augen zu salben, damit du sehen mögest. Welche ich liebhabe, die weise ich zurecht und züchtige ich.«* Ihr werdet gleich sehen, dass diese Aussage mit Hilfe der Achse Wassermann-Löwe interpretiert werden kann.

Der Löwe ist ein Feuerzeichen und die Sonne hat dort ihr Haus. Es ist das fünfte astrologische Haus, das der Zeit der größten Wärme in den Monaten Juli und August entspricht. Der Löwe steht für das Herz, das mit der Wärme, dem Blut, dem Leben verbunden ist. Es ist das kosmische Herz, das Herz Gottes, aus dem alle lebenden Geschöpfe hervorgegangen sind, alles was im Universum existiert. Und so ist das fünfte astrologische Haus das Haus der Liebe, der Kinder, der Schöpfung in all ihren Formen. Am anderen Ende der Achse wird der Wassermann von Saturn regiert, der über den Winter herrscht. Der Wassermann wird durch einen Greis dargestellt, Saturn, der die Weisheit besitzt (obwohl Saturn nicht der einzige Herrscher des Wassermanns ist, da ist auch noch Uranus) und der, symbolisch gesehen, Wasser für alle Geschöpfe ausgießt. Die beiden Pole der Achse sind Liebe und Weisheit, die Wärme der Täler und die Kälte der Gipfel.

Betrachten wir jetzt, was das Gold, die weißen Kleider und die Salbe bedeuten. Für die Alchimisten ist das Gold mit der Sonne verbunden, es ist die Kondensation der Sonnenstrahlen. Durch das Feuer geläutertes Gold, das sind die segensreichen Kräfte, die der Löwe, das Herz des Universums, ausstrahlt. Es ist seine Liebe. Übrigens bestätigt die Etymologie die Entsprechung zwischen Löwe, Herz und Liebe. Auf hebräisch heißt das Herz »lev« und der Löwe »lavi«; auf bulgarisch und russisch heißt der Löwe »lev« und die Liebe »ljubov«, die Wurzel die man im englischen »love«, Liebe, wiederfindet und im deutschen »Liebe« und »Löwe«.

»Weiße Kleider«: Die weißen Kleider, die häufig in der Apokalypse erwähnt werden, sind natürlich auch symbolisch zu verstehen. Die Farbe Weiß ist die Synthese aller anderen Farben, und weiße Kleider zu haben, bedeutet in der Einweihungswissenschaft Licht zu haben, das heißt Weisheit, welche die Synthese aller Tugenden ist, so wie das weiße Licht die Synthese aller Farben ist. Man nennt diese spirituellen Kleider auch *»Aura«*.[2] Durch unsere Aura, dieses spirituelle Kleid, das die Weisheit webt, werden wir in der unsichtbaren Welt erkannt.

»Eine Salbe, um deine Augen zu salben«: Die Salbe, von der im Text die Rede ist, das ist Uranus, die Wahrheit, die mit den Augen verbunden ist. In den Einweihungen der Vergangenheit wurde Uranus in der Form eines über einen Ozean fliegenden Auges dargestellt. Glaubt nicht, dass die Eingeweihten der Vergangenheit von der Existenz des Uranus nichts gewusst hätten und dass dieser Planet erst durch Herschel entdeckt worden sei. Die Alten kannten ihn, sie nannten ihn auf griechisch Uranos (der Himmel).

So bringt die Sonne uns das Leben, die Liebe, Saturn bringt uns die Weisheit, um uns zu bekleiden und Uranus erlaubt es uns, die Wahrheit zu sehen. Obwohl die Gemeinde von Laodizea sich reich wähnt (»Du sprichst: Ich bin reich und habe genug und brauche nichts«), rät ihr der Geist, der sie elend, arm, blind und nackt weiß, Gold zu kaufen, weiße Kleider und Augensalbe. Das beweist, dass man mit der Achse Wassermann-Löwe arbeiten muss, um Liebe, Weisheit und Wahrheit zu erlangen, sonst bleibt man arm, nackt und blind.

Weiter sagt der Geist zur Gemeinde: *»Welche ich liebhabe (Löwe), die weise ich zurecht und züchtige ich (Wassermann).«* Derjenige der liebt, das ist die Sonne, die ihr Haus im Löwen hat; derjenige der züchtigt, das ist Saturn, aber auch Uranus, der große Umwälzungen mit sich bringt; und beide haben ihr Haus im Wassermann. Der Himmel liebt uns, und wenn er uns züchtigt, tut er es mit Hilfe von Ereignissen auf unserem Schicksalsweg, über den Saturn regiert. Wenn wir daher die Züchtigungen von Saturn auf uns zukommen sehen, sollten wir wissen, dass sich Gott durch ihn manifestiert.* Um geliebt zu werden, müssen wir uns im Löwen und im Wassermann befinden, zwischen Saturn, dem alten Adam, und der Sonne, dem Christus, der im Stamme Juda, dem Sohn Jakobs, geboren wurde. Jakob hatte zwölf Söhne, die die Ahnen der zwölf Stämme Israels wurden. Jeder dieser Stämme

---

* Saturn ist der Planet der Sephira Binah, wo die Vierundzwanzig Ältesten regieren, die dem Schicksal vorstehen. Siehe folgendes Kapitel.

ist mit einem Tierkreiszeichen verbunden; das von Juda entspricht dem Löwen, und in diesem Stamm Juda wurde Jesus Christus geboren.

Der Geist sagt weiter: *»Den, der siegen wird, werde ich mit mir auf meinem Thron sitzen lassen, wie ich gesagt habe und mich zu meinem Vater auf seinen Thron gesetzt habe.«* Es gibt keinen anderen Thron als den des Löwen, wo die Sonne, – Christus – sitzt. Symbolisch gesehen ist Christus die Sonne, das Herz, das sein Blut, seine Liebe im ganzen Universum verbreitet. Wer also den Hass und den Tod (die innere Kälte) überwindet, wird auf dem Throne Gottes herrschen.

Weiterführende Literatur

1. Siehe Band 232 der Reihe Izvor »Feuer und Wasser – Wunderkräfte der Schöpfung«, Kapitel 11: »Der Kreislauf des Wassers: Die Reinkarnation«.

2. Siehe Band 309 der Reihe Broschüren »Die Aura – Unsere geistige Haut«.

Kapitel 7

DIE VIERUNDZWANZIG ÄLTESTEN
UND DIE VIER HEILIGEN TIERE

»Danach sah ich, und siehe, eine Tür war aufgetan im Himmel; und die erste Stimme, die ich mit mir hatte reden hören wie eine Posaune, die sprach: Steig herauf, ich will dir zeigen, was nach diesem geschehen soll. Alsbald kam der Geist über mich. Und siehe, ein Thron war gesetzt im Himmel, und auf dem Thron saß einer, und der da saß war anzusehen gleichwie der Stein Jaspis und Sardis; und ein Regenbogen war um den Thron, anzusehen wie ein Smaragd. Und um den Thron waren vierundzwanzig Throne, und auf den Thronen saßen vierundzwanzig Älteste, mit weißen Kleidern angetan, und hatten auf ihren Häuptern goldene Kronen. Und von dem Thron gingen aus Blitze, Stimmen und Donner; und sieben Fackeln mit Feuer brannten vor dem Throne, welches sind die sieben Geister Gottes. Und vor dem Thron war es wie ein gläsernes Meer, gleich dem Kristall. Und mitten am Thron und um den Thron herum vier himmlische

Gestalten voll Augen vorne und hinten. Und die erste Gestalt war gleich einem Löwen, und die zweite Gestalt war gleich einem Stier, und die dritte hatte ein Antlitz wie ein Mensch, und die vierte Gestalt war gleich einem fliegenden Adler. Und eine jegliche der vier Gestalten hatte sechs Flügel und sie waren außenherum und inwendig voll Augen und sie hatten keine Ruhe Tag und Nacht und sprachen: Heilig, heilig, heilig ist Gott, der Herr, der Allmächtige, der da war und der da ist und der da kommt!«
(Off 4, 1-9)

Die Vision von den Vierundzwanzig Ältesten, die auf Thronen sitzen, und die Vision der vier lebendigen Wesen, der vier Heiligen Tiere, kann nur verstanden werden, wenn man den kabbalistischen Lebensbaum, den Sephirothbaum kennt.[1] Eine Tür hat sich im Himmel geöffnet und die Stimme, die sich bereits an Johannes gewandt hatte, sprach nun zu ihm: »Steig herauf!« Die Beschreibung, die er von den Vierundzwanzig Ältesten gegeben hat, offenbart, dass er bis zur dritten Sephira, Binah, emporgestiegen ist, mit welcher der Engelsorden der Aralim verbunden ist, die in der christlichen Religion eben die Throne genannt werden. Dann sah er die vier Heiligen Tiere, und hier zeigt die Beschreibung, die er gibt, dass er bis zur ersten Sephira, Kether,

Zutritt erhalten hat, mit welcher der Engelsorden der Seraphin verbunden ist: die Chajotha-Qadosch. Johannes ist also bis in die erhabensten Bereiche der Schöpfung im Geiste emporgetragen worden.

Die Vierundzwanzig Ältesten und die vier Heiligen Tiere weilen vor dem Throne Gottes, um Ihn zu preisen und Sein Loblied zu singen. Aber Gott selbst, Ihn beschreibt Johannes nicht und nennt Ihn auch nicht. Er sagt nur: *»Ich sah einen Thron in den Himmel gestellt und auf dem Thron saß einer. Der dort saß hatte das Strahlen eines Steines aus Jaspis und aus Sardis.«* Man kann von Gott nur eine Vorstellung mit Hilfe von Bildern des Lichts vermitteln. Vom Thron gingen Blitze aus und sieben feurige Fackeln brannten vor ihm: sieben Fackeln, welches sind die sieben Geister Gottes.

Man findet dieses Bild im Sohar wieder, wo es heißt: »Sieben Lichter weilen im Höchsten, und dort wohnt der Älteste der Alten, der Geheimnisvolle der Geheimnisvollen, der Verborgene der Verborgenen: Ain Soph.« Ain Soph (das heißt: ohne Ende, ohne Grenze) oder Ain Soph Aur (das heißt: Licht ohne Ende), dies ist der Name den die Kabbalisten dem Absoluten geben, der erhabensten Quintessenz der Gottheit, und die sieben Geister sind die sieben Lichtstrahlen: Rot, Orange, Gelb, Grün, Blau, Indigo und Violett.[2] Denn die Farben des von einem Prisma zerlegten Lichtes haben eine symbolische Bedeutung. Sie repräsentieren die erste Aufteilung des Urlichtes, Gottes. Und weil das Licht sich in sieben Farben auffächert, ist die Sieben die Zahl der Gesamtheit; man findet diese Zahl oft in der Offenbarung wieder: die sieben Gemeinden, die sieben Siegel, die sieben Leuchter, die sieben Sterne ...

Die Vierundzwanzig Ältesten, die vor dem Thron Gottes sitzen, sind in Weiß gekleidet und tragen goldene Kronen auf dem Haupt. Die weiße Kleidung wie auch die goldenen Kronen sind Symbole des geistigen Lichts, das von diesen erhabenen Wesen ausströmt. Die weiße Kleidung, das ist ihr Glorienleib. Die Krone hingegen kennzeichnet, als Gegenstand der sich über dem Kopf befindet, eine feinstoffliche Materie, die nicht mehr dem physischen Körper, dem Kopf, angehört, sondern eine Emanation des Geistes, seiner Weisheit, seiner Allmacht ist. Diese Krone ist aus Gold, und das Gold ist, der spirituellen Symbolik entsprechend, nichts anderes als kondensiertes Licht.

In der Kabbala werden die Vierundzwanzig Ältesten als Herren des Schicksals dargestellt.[3] Nichts, was die Menschen tun, entgeht ihnen, keine Tat, kein Gefühl, kein Gedanke. Daher haben sie die Aufgabe, die Geschöpfe ihrer

Verdienste entsprechend zu belohnen oder zu bestrafen. Das Schicksal eines Menschen nach seinem Tod oder in einem zukünftigen Leben hängt von ihren Anordnungen ab, und diese Anordnungen sind unwiderruflich. Deshalb handelt es sich um die Vierundzwanzig Ältesten, die an anderer Stelle zu Gott sagen: »*Wir danken dir, Herr, allmächtiger Gott, der du bist und der du warst, dass du an dich genommen hast deine große Macht und herrschest! Und die Völker sind zornig geworden; und es ist gekommen dein Zorn und die Zeit, die Toten zu richten und den Lohn zu geben deinen Knechten, den Propheten und den Heiligen und denen, die deinen Namen fürchten, den Kleinen und den Großen, und zu vernichten, die die Erde vernichten.*«

(Off 11, 17-19)

Was die vier Heiligen Tiere anbelangt, die in der Sephira Kether wohnen, so sind dies die vier Prinzipien der Materie. Gott der Absolute ist ein unbegreifliches, unfassbares Wesen, und nur durch Seine Manifestationen kann man sich eine Vorstellung von Ihm machen. Und die Manifestation Gottes, das ist die Materie, die Er aus sich selbst hervorgebracht hat, denn die Materie ist göttlichen Ursprungs, und auf dieser Stufe der Reinheit und Feinstofflichkeit ist sie nicht zu erkennen, unbegreiflich,

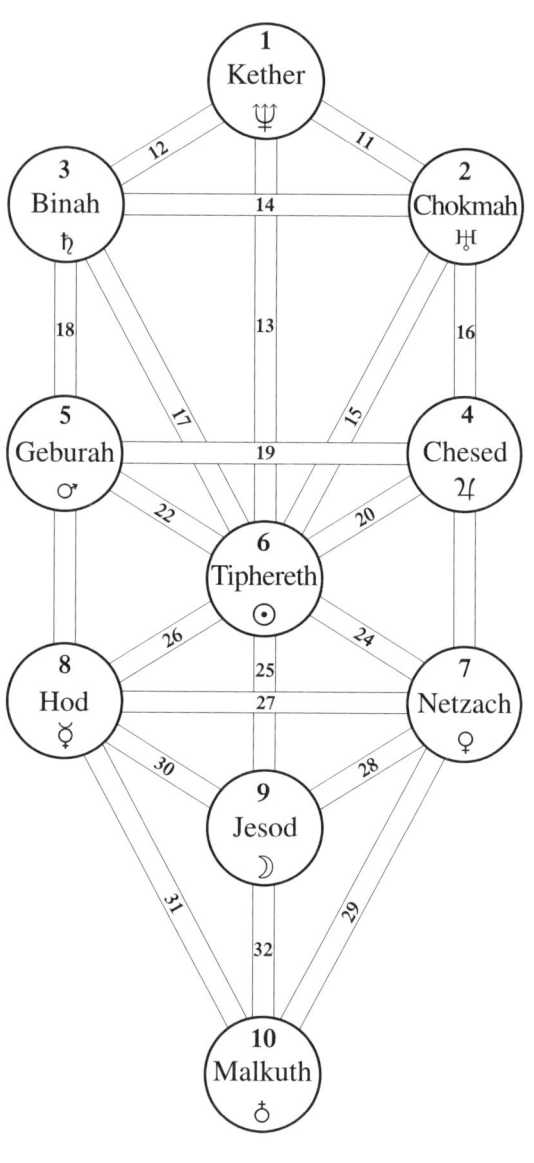

1 Ehjeh
Kether – *Krone*
Metatron
Chajoth ha-Kadosch – *Seraphin*
Reschith ha-Galgalim – *Urwirbel (Neptun)*

3 Jehova
Binah – *Vernunft*
Zaphkiel
Aralim – *Throne*
Schabtai – *Saturn*

2 Jah
Chokmah – *Weisheit*
Rasiel
Ophanim – *Cherubin*
Masaloth – *Tierkreis (Uranus)*

5 Elohim Gibbor
Geburah – *Kraft*
Kamael
Seraphim – *Mächte*
Maadim – *Mars*

4 El
Chesed – *Barmherzigkeit*
Zadkiel
Chaschmalim – *Herrschaften*
Zedek – *Jupiter*

8 Elohim Zebaoth
Hod – *Herrlichkeit*
Raphael
Bnei Elohim – *Erzengel*
Kochab – *Merkur*

7 Jehova Zebaoth
Netzach – *Sieg*
Chaniel
Elohim – *Fürstentümer*
Nogah – *Venus*

9 Schaddai El Chai
Jesod – *Grundlage*
Gabriel
Cherubim – *Engel*
Levana – *Mond*

6 Eloha va-Daath
Tiphereth – *Schönheit*
Michael
Malachim – *Himmelskräfte*
Schemesch – *Sonne*

10 Adonai Melek
Malkuth – *Reich*
Uriel oder Sandalfon
Ischim – *die Vollendeten*
Aretz – *Erde*

denn sie ist eins mit dem Geist. Diese Urmaterie wird durch die vier Heiligen Tiere symbolisiert, die die Wurzeln der vier Elemente bilden: der Stier steht für die Erde, der Adler für das Wasser, der Mensch für die Luft und der Löwe für das Feuer. Der Prophet Ezechiel beschreibt sie in seiner Vision (Ez 1, 4-14). Diese Geschöpfe sind von einer solchen Erhabenheit, dass es ihnen anvertraut worden ist, den Herrn zu rühmen. Tag und Nacht wird der Herr durch den Mund der Seraphin gerühmt, die unablässig wiederholen: *»Heilig, heilig, heilig ist der allmächtige Herr, der da war, der da ist und der da kommt.«* Sie selbst werden heilig genannt und preisen unablässig die Heiligkeit des Herrn.

Warum besteht die größte Lobpreisung, die Geschöpfe an den Schöpfer richten können darin, seine Heiligkeit zu rühmen? In der Umgangssprache hat man offensichtlich ganz ohne Überlegung von heilig und Heiligkeit gesprochen, sodass die wahre Bedeutung dieser Worte verloren gegangen ist. In Wirklichkeit ist die Heiligkeit eine Eigenschaft des Lichts. Manche slawische Sprachen haben Begriffe, die diese Entsprechung genau ausdrücken. Im Bulgarischen zum Beispiel wird der Heilige »svetia« genannt und die Heiligkeit »svetost«; Licht heißt »svetlina« und Welt »svet«. So kann man sehen, wie die Heiligkeit mit dem Licht verbunden ist. Die Heiligkeit ist daher im eigentlichen Sinne die Qualität Gottes, weil Er reines Licht ist und Er durch das Licht die Welt erschaffen hat.[4] Wenn ein Mensch heilig genannt werden kann, dann nur in dem Maße, wie er Licht besitzt, das auf der höheren Mentalebene erstrahlt, das heißt, wahre Intelligenz, wahre Weisheit.

Die vier Heiligen Tiere stellen also die vier Elemente dar, aber man darf sie nicht mit den vier Elementen verwechseln, aus denen unser Universum besteht. Sie stehen jenseits von dem, was wir mit unseren fünf Sinnen oder mit den höchstentwickelten Apparaten wahrnehmen können. Die vier Elemente, wie wir sie hier in Form von Feuer, Luft, Wasser und Erde kennen, sind nur blasse Widerspiegelungen der groben Verdichtungsformen der Materie von oben, in der Sephira Kether. Um daher zur Sephira Kether Zutritt zu erhalten, muss man einen außergewöhnlichen Entwicklungsgrad erreicht haben. Sehr wenige Menschen sind bis dorthin gelangt, und selbst von denen, die dort hingelangt sind, konnten die meisten nicht wieder in ihren physischen Körper zurückkehren. Die Sephira Kether ist ein Bereich, in dem sich alle Formen auflösen. Darum verschwindet derjenige, der bis dorthin gelangt. Bei ihrer Berührung wird er verzehrt und wird selbst zu Feuer. Den sehr wenigen, die zurückgekommen sind, ist dies nur durch eine ganz besondere Gnade des Himmels gelungen, der ihnen ein Element zum Einnehmen, ausgestattet mit der Eigenschaft, den physischen Körper zu schützen, gegeben hat.

Johannes hat sich im Verlauf seiner Ekstasen, die er in der Offenbarung beschrieben hat, nur darum nicht aufgelöst, weil er dieses Element empfangen hatte. Das Buch, das der Engel ihm zu essen gegeben hat, indem er sagte: *»Und es wird dir bitter im Magen sein, aber in deinem Munde wird's süß sein wie Honig« (Off 10, 9)*, steht genau als Symbol für dieses Element, das fähig ist, den physischen Körper zu erhalten. Der Prophet Ezechiel spricht auch von einem Buch, das ein Engel ihm zu essen gegeben hatte (Ezechiel 3, 1-3). Dieses Element wird auch durch die glühende Kohle symbolisiert, die der Seraphin auf die Lippen von Jesaja legte (Jesaja 6, 6-7).

Die Engel der vier Elemente, die Seraphin, sind also die höchsten in der Engelshierarchie, und es ist eine sehr große Ausnahme, dass menschliche Wesen bis zu ihnen Zugang erhalten. Wenn wir uns also an den Engel der Luft, den Engel des Wassers, den Engel des Feuers oder den Engel der Erde wenden, können wir nur die lichtvollen Wesen berühren, die über das Wasser, den Wind, das Feuer und die Erde in ihrer physischen Form regieren, so wie wir diese Elemente kennen. Man darf die Engel, die den vier Elementen unserer physischen Welt vorstehen, nicht mit den vier großen Engeln, den Prinzipien der Materie verwechseln. Das Feuer, das wir kennen, ist nicht das wahre Feuer; das wahre Feuer, die wahre Luft, das wahre Wasser und die wahre Erde befinden sich oben, und wenn sie auf die Erde einwirken, dann durch die vermittelnden Wesenheiten, die sie befehligen. Wenn nun Johannes die Kataklysmen beschreibt, die dabei sind auf die Erde einzustürzen, zeigt er damit, wie die vier Heiligen Tiere den Elementen der physischen Ebene Befehle geben.

»Und ich sah, dass das Lamm das erste der sieben Siegel auftat, und ich hörte eine der vier Gestalten sagen wie mit einer Donnerstimme: Komm! Und ich sah, und siehe, ein weißes Pferd. Und der darauf saß, hatte einen Bogen...«

»Und als es das zweite Siegel auftat, hörte ich die zweite Gestalt sagen: Komm! Und es kam heraus ein zweites Pferd, das war feuerrot. Und dem, der darauf saß, wurde Macht gegeben, den Frieden von der Erde zu nehmen...«

»Und als es das dritte Siegel auftat, hörte ich die dritte Gestalt sagen: Komm! Und ich sah, und siehe, ein schwarzes Pferd. Und der darauf saß, hatte eine Waage in seiner Hand...«

»Und als es das vierte Siegel auftat, hörte ich die Stimme der vierten Gestalt sagen: Komm! Und ich sah, und siehe, ein fahles Pferd. Und der darauf saß, dessen Name war: der Tod, und die Hölle folgte ihm nach. Und ihnen wurde Macht gegeben über den vierten Teil der Erde, zu töten mit Schwert und Hunger und Pest und durch die wilden Tiere auf Erden.«

(Off 6, 1-8)

Die vier Pferde, auf denen die vier Reiter saßen, sind ein Symbol für Katastrophen, ausgelöst von den Engeln der vier Elemente im Himmel, denn diese Engel sind so mächtig, dass sie nur ein Zeichen zu geben brauchen, damit andere Kräfte in Aktion treten und die Erde verwüsten. Warum begreifen die Menschen nicht, dass alles, was sie tun, Konsequenzen hervorruft, und dass sie nicht fortwährend ungestraft die Gesetze der Natur übertreten und die Arbeit der Elemente stören können? Durch ihre Taten, aber auch durch ihre Gedanken und ihre Gefühle und durch ihre anarchistische Einstellung provozieren sie die Kräfte der Natur, die schließlich reagieren werden, um wieder Ordnung herzustellen. Die Natur ist keineswegs etwas Lebloses, Unempfindliches, mit dem man machen kann was man will. Jedes Mal, wenn die Menschen die Grenzen dessen überschreiten, was sie aushalten kann, geht sie zum Gegenangriff über.[5]

Aber was ich euch da über die Erde sage, gilt genauso für jedes Individuum. Wenn ihr keine gute Beziehung zu den vier Elementen in euch aufrechterhaltet – zur Erde, dem Körper, zum Wasser, dem Herzen, zur Luft, dem Intellekt und zum Feuer, der Seele und dem Geist –, werdet ihr große Prüfungen durchzumachen haben. Ich habe euch Methoden gegeben, um mit den vier Elementen zu arbeiten, sucht sie heraus und wendet sie an.* Gewöhnt euch daran, euch mit den Engeln der vier Elemente zu verbinden und ihr werdet spüren, dass ihr endlich den Zustand der Herrlichkeit der Harmonie erreicht.

* Anm. des Herausgebers: Siehe z. B. Gesamtwerk Band 13 »Die Neue Erde« und die Übungsbücher aus der Reihe Stani.

Weiterführende Literatur

1. Siehe Band 236 der Reihe Izvor »Weisheit aus der Kabbala – Der lebendige Strom zwischen Gott und Mensch«, Kapitel 2: »Darstellung des Lebensbaumes«.

2. Siehe Band 201 der Reihe Izvor »Auf dem Weg zur Sonnenkultur«, Kapitel 7: »Die Geister der sieben Lichter«.

3. Siehe Band 236 der Reihe Izvor »Weisheit aus der Kabbala – Der lebendige Strom zwischen Gott und Mensch«, Kapitel 15: »Binah«.

4. Siehe Band 212 der Reihe Izvor »Das Licht, lebendiger Geist«, Kapitel 1: »Das Licht, Essenz der Schöpfung«.

5. Siehe Kostprobe Nr. 4 »Der Mensch im Kosmos«.

Kapitel 8

DAS BUCH UND DAS LAMM

»Und ich sah in der rechten Hand des, der auf dem Thron saß, ein Buch, innen und außen beschrieben, versiegelt mit sieben Siegeln. Und ich sah einen mächtigen Engel, der rief mit starker Stimme: Wer ist würdig, das Buch aufzutun und seine Siegel zu brechen? Und niemand im Himmel, noch auf Erden, noch unter der Erde konnte das Buch auftun und hineinsehen. Und ich weinte sehr, dass niemand würdig gefunden ward, das Buch aufzutun und hineinzusehen. Und einer der Ältesten spricht zu mir: Weine nicht! Siehe, der Löwe, der da ist vom Geschlecht Juda, der Wurzel Davids, hat gesiegt, um das Buch aufzutun und seine sieben Siegel.

Und ich sah inmitten des Thrones und der vier Gestalten und mitten unter den Ältesten ein Lamm, als wenn es erwürgt wäre. Es hatte sieben Hörner und sieben Augen, das sind die sieben Geister Gottes, gesandt in alle Lande. Es kam und nahm das Buch aus der rechten

Hand des, der auf dem Thron saß. Und da es das Buch nahm, da fielen die vier Gestalten und die Vierundzwanzig Ältesten nieder vor dem Lamm und jeder hatte eine Harfe und goldene Schalen voll Räucherwerk, das sind die Gebete der Heiligen. Und sie sangen ein neues Lied und sprachen: Du bist würdig, das Buch zu nehmen und die Siegel zu brechen; denn du bist erwürgt und hast mit deinem Blut für Gott Menschen erkauft, aus allen Geschlechtern und Sprachen und Völkern und Nationen.«

(Off 5, 1-9)

Indem er seine Vision von den vier Heiligen Tieren und den Vierundzwanzig Alten Weisen beschreibt, enthüllt Johannes die Mysterien der Sephiroth Kether und Binah. Die folgende Vision des geopferten Lammes, umgeben von den vier Heiligen Tieren und den Vierundzwanzig Ältesten, die verkündeten, dass es als einziger würdig sei, das Buch zu öffnen, diese Vision führt uns ein in die Mysterien der Sephira Chokmah, der zweiten Sephira.

Chokmah ist die Region Christi, die zweite Person der Dreieinigkeit, der Sohn. Das ist das WORT*, das der Vater am Anfang ausgesprochen hat. Alle Elemente, mit denen die Welt erschaffen wurde, sind in Chokmah zu finden.

---

* Siehe auch Kapitel 3 »Melchisedek und die Lehre von den beiden Prinzipien«, Teil 2.

Diese Elemente werden durch die zweiundzwanzig Buchstaben des hebräischen Alphabets symbolisiert. Chokmah, das ist das kosmische Alphabet, mit Hilfe dessen das Buch der Schöpfung geschrieben wurde. Darum sagt Johannes zu Beginn seines Evangeliums: *»Im Anfang war das Wort, und das Wort war bei Gott, und Gott war das Wort. Alles, was gemacht worden ist, ist durch dieses gemacht und nichts, was gemacht worden ist, ist ohne es gemacht.«* Das WORT, das ist Christus, derjenige, der zur Rechten des Vaters sitzt. Er ist der Löwe von Juda*, der die Macht errungen hat, das Buch zu öffnen. Und er ist es auch, der unter dem Aspekt des Lammes erschien *»des Lammes, das geschlachtet ist«* *(Off 13, 8)*, denn das Lamm ist eine andere Darstellung Christi, des Sohnes Gottes, der vor der Erschaffung der Welt geopfert worden war.[1]

Die sieben Hörner, die es trägt, sind die sieben Strahlen, denn vom symbolischen Standpunkt aus stellen die Hörner das Licht dar, das aus dem Haupt eines spirituellen Wesens strahlt. Darum sind Moses und andere Eingeweihte mit Hörnern dargestellt worden.

---

* Zur Beziehung zwischen Löwe und Christus siehe Kapitel 6 »Brief an die Gemeinde von Laodizea«.

Christus ist das göttliche Lamm, der Geist der Liebe, der anzieht, sich annähert, unterstützt. Und die Liebe des Lammes ist es, die zur Grundlage der Schöpfung gemacht wurde; das Lamm ist es, das sich geopfert hat, um mit seinem Blut, dem göttlichen Fluid, die Materie der Schöpfung zu durchdringen. Die Liebe ist das Bindeglied, der Zement, der den Zusammenhalt des Universums gewährleistet, der die Atome, die Moleküle, die »Buchstaben« in diesem unermesslichen Buch zusammenhält. Überall, in den Steinen und in den Sternen, ist es diese Liebe, die das Gerüst zusammenhält. Die Liebe ist die größte Kraft im Universum und darum ist sie als einzige würdig, seine Geheimnisse zu entziffern.

Eine Überlieferung berichtet, dass Erzengel Rasiel, der Erzengel von Chokmah, Adam das Buch mit den Geheimnissen der Schöpfung anvertraut hat, aber dieses Buch wurde ihm nach dem Sündenfall wieder genommen. Die Kabbala ist der Versuch, die Geheimnisse dieses Buches wiederzufinden.

Ich habe euch gesagt, dass man die Offenbarung nicht entschlüsseln kann, wenn man das überlieferte Einweihungswissen nicht kennt. Alchimie, Astrologie, Magie, Kabbala und sogar die Tarot-Karten, die die

108

Zusammenfassung eines Jahrtausende alten Wissens darstellen, sind notwendig, um die Gleichnisse der Offenbarung zu interpretieren.

Die zweite Tarot-Karte zum Beispiel, die Priesterin, stellt eine sitzende Frau dar, die auf ihren Knien ein geöffnetes Buch hält, das teilweise durch den Zipfel ihres Mantels verdeckt ist.[2] Dieses geöffnete Buch ist Ausdruck der Dualität (die beiden Hälften des Buches), ein geschlossenes Buch hingegen ist die Eins, das Nicht-Manifestierte, das Absolute. Das offene Buch ist die Zwei, die Eins, die sich in positiv und negativ polarisiert hat, um sich zu manifestieren. Diese Manifestation, diese Polarisierung, nennen die Eingeweihten Natur.

Die Priesterin, die das Buch auf ihren Knien hält, ist daher die Mutter Natur und das Buch ist eine Zusammenfassung. Ja, dieses Buch, das alle von Gott geschriebenen Geheimnisse enthält, ist die Natur, die kosmische Frau, Isis, und nur ein Eingeweihter ist würdig, ihren Schleier zu lüften, um die Mysterien zu entziffern.

Weiterführende Literatur

1. Siehe Band 5 der Reihe Gesamtwerke »Die Kräfte des Lebens«, Kapitel 9: »Das Opfer« und den Video-Vortrag auf DVD, Nr. 987011 »Der Sinn des Opfers«.

2. Siehe Band 237 der Reihe Izvor »Das kosmische Gleichgewicht - Die Zahl 2«, Kapitel 1: »Die kosmische Waage - Die Zahl 2«.

Kapitel 9

DIE 144.000 DIENER GOTTES

»*Und danach sah ich vier Engel stehen an den vier Ecken der Erde, die hielten die vier Winde der Erde fest, damit kein Wind über die Erde blase noch über das Meer noch über irgend einen Baum. Und ich sah einen anderen Engel aufsteigen vom Anfang der Sonne her, der hatte das Siegel des lebendigen Gottes und rief mit großer Stimme zu den vier Engeln, denen Macht gegeben war, der Erde und dem Meer Schaden zu tun: Tut der Erde und dem Meer und den Bäumen keinen Schaden, bis wir versiegeln die Knechte unseres Gottes an ihren Stirnen. Und ich hörte die Zahl derer, die versiegelt wurden: 144.000, die versiegelt waren aus allen Stämmen Israels: aus dem Geschlecht Juda*

12.000 versiegelt, aus dem Stamm Ruben 12.000, aus dem Stamm Gad 12.000, aus dem Stamm Asser 12.000; aus dem Stamm Naphthali 12.000, aus dem Stamm Manasse 12.000, aus dem Stamm Simeon 12.000, aus dem

Stamm Levi 12.000, aus dem Stamm Issachar 12.000, aus dem Stamm Sebulon 12.000, aus dem Stamm Joseph 12.000, aus dem Stamm Benjamin 12.000 versiegelt.

(Off 7, 1-8)

Ich habe euch erklärt, dass man Wissen aus verschiedenen Bereichen haben muss, aus der Alchimie, der Astrologie, der Kabbala usw., um die Offenbarung interpretieren zu können. Wenn man dieses Wissen nicht hat, wird man schwerwiegende Irrtümer begehen. Wie viele haben geglaubt und glauben noch immer, dass das Feuer des Himmels eines Tages auf die Erde fallen wird und nur 144.000 Auserwählte verschonen wird! Es gibt mehrere Milliarden Menschen auf der Erde und nur 144.000 werden dieser schrecklichen Strafe entgehen? Wie furchtbar für alle! Jeder hat so wenig Aussicht verschont zu bleiben! Aber noch einmal, diese Aussage ist symbolisch gemeint, und um sie zu interpretieren, muss man sich auf astrologische Kenntnisse stützen.

Es heißt: *»Danach sah ich vier Engel an den vier Ecken der Erde stehen; sie hielten die vier Winde der Erde zurück...«* Diese vier Ecken der Erde, an denen die vier Engel stehen, sind die vier Kardinalpunkte des Raumes, zwischen denen sich der Tierkreis erstreckt. Und der Tierkreis wird hier durch die zwölf

Stämme der Söhne Israels dargestellt, das heißt der Söhne Jakobs.* Erinnert euch an den Vortrag, den ich euch vor einigen Jahren gehalten habe, über die zwölf Arbeiten des Herkules. Dort habe ich euch auf die Entsprechungen hingewiesen, die zwischen diesen Arbeiten, den zwölf Söhnen Jakobs und den zwölf Konstellationen des Tierkreises bestehen.[1]

Als Jakob das väterliche Haus verließ, schlief er eines Nachts, den Kopf auf einen Stein gebettet, ein. Während seines Schlafes sah er eine Leiter, auf der Engel auf- und abstiegen, und am Ende der Leiter stand der Herr und sprach zu ihm: *»Ich bin der Herr, der Gott deines Vaters Abraham, und Isaaks Gott; das Land, darauf du liegst, will ich dir und deinen Nachkommen geben. Und dein Geschlecht soll werden wie der Staub auf Erden; und du sollst ausgebreitet werden gegen Westen und Osten, Norden und Süden, und durch dich und deine Nachkommen sollen alle Geschlechter auf Erden gesegnet werden.« (Genesis 28, 13-15)* Die Nachkommenschaft Jakobs sind also die zwölf Stämme Israels, die symbolisch das Volk Gottes bilden, und sie sind mit den zwölf Tierkreiszeichen verbunden. Der Tierkreis ist eine Darstellung der Gesamtheit des Raumes, und in dieser Gesamtheit besitzt jedes Zeichen

---

* Im Buch Genesis wird Jakob auch Israel genannt.

genau festgelegte Qualitäten und Funktionen. Ich habe euch gezeigt, dass die Worte, die Jakob auf dem Sterbebett an seine Söhne richtete, jeden in Beziehung zu einem Tierkreiszeichen brachte.

Die Bedeutung der Zahl zwölf wird besonders in diesem Abschnitt deutlich. In jedem Stamm sind 12.000 Auserwählte mit einem Siegel auf der Stirn gezeichnet, was mit 12 multipliziert, der Zahl der Stämme Israels, 144.000 ergibt. Eine große Bedeutung kommt der Zahl zwölf auch in der Beschreibung des Himmlischen Jerusalems zu, am Ende der Offenbarung. Das Himmlische Jerusalem hat zwölf Fundamente, zwölf Tore, von zwölf Engeln bewacht, seine Mauern maßen zwölftausend Stadien* Seitenlänge, seine Schutzwälle 144 Ellen und auf seine Tore sind auch die Namen der zwölf Stämme der Kinder Israels geschrieben. Es existiert also eine enge Verbindung zwischen den 144.000 Auserwählten und dem Neuen Jerusalem. Es ist das gleiche Symbol des vollkommenen Lebens, im ersten Fall in Form einer Gemeinschaft von Dienern Gottes dargestellt, und im zweiten Fall in Form einer Stadt. Eine Stadt ist eine Gemeinschaft von Menschen und in dieser Stadt kann man jeden Menschen als eine Wohnstätte, ein Bauwerk

---

* Stadion, altgriechisches Maß; 1 Stadion = 0,185 km.

auffassen. Genau das wollte auch Jesus zum Ausdruck bringen, als er sagte: »*Ihr seid der Tempel des lebendigen Gottes.*«

Derjenige, der wahrhaft voranschreiten will, sieht ein ganzes Feld von Aktivitäten sich vor ihm eröffnen. Diese Aktivitäten werden symbolisch durch die zwölf Arbeiten des Herkules dargestellt, die auch mit den zwölf Tierkreiszeichen verbunden sind. Der Schüler hat also einen langen Weg zu gehen, der ihm ermöglicht, nach und nach die zwölf Tore* zu öffnen und selbst zum Neuen Jerusalem zu werden, der Stadt des Lichts, wo es weder Finsternis noch Krankheit noch Tod geben wird.

Was bedeutet nun dieses Zeichen der Auswahl der Gerechten, als Siegel auf der Stirn dargestellt? Die auserwählten Menschen tragen ein Zeichen, das ist richtig, aber es ist kein Zeichen, das ein Engel zufällig von außen anbringen wird. Der Mensch selbst zeichnet durch seine Arbeit, durch seinen spirituellen Aufstieg, ein solches Zeichen auf seine Stirn. Denn wie oft habe ich euch schon gesagt: Alles wird aufgezeichnet, und unsere Handlungen, unsere Gefühle, unsere Gedanken hinterlassen Spuren, nicht allein in unserer Umgebung, sondern auch und ganz besonders in uns selbst.

---

* Siehe Kapitel 17, Teil 3 »Die Tore aus Perlen«.

Unser ganzes Wesen wird von all dem, was in unserem psychischen Leben geschieht, durchdrungen, geformt und modelliert. Ja, das ist ein Gesetz: Jedes Mal wenn wir Güte, Gerechtigkeit, Geduld oder Liebe zum Ausdruck bringen, hinterlassen diese Tugenden in uns Spuren, und nicht nur das, sie schaffen auch um uns herum eine Art magnetisches Feld, das segensreiche Kräfte aus dem Raum anzieht, die uns schützen. Und in diesem Sinne kann man sagen, dass ein Engel uns ein Siegel auf die Stirn setzt.

In der göttlichen Schule spielt sich alles genauso wie in den irdischen Schulen ab: Wenn ein Student ein Examen besteht, bekommt er ein Diplom, das ihm bestimmte Türen öffnet und ihm neue Möglichkeiten bietet. Nun, auch ihr werdet ein Diplom bekommen, wenn ihr die Prüfungen des Lebens mit Erfolg besteht, aber das ist dann kein Papier, wie die Diplome der Universitäten, das zerrissen, verbrannt, ausgelöscht oder gestohlen werden kann. Das wird ein Diplom sein, das sich auf feinstofflicher Ebene eurem Gesicht einprägt, eurem Körper, eurem ganzen Wesen, und niemand wird es euch nehmen können. Sogar die Naturgeister, die dieses Diplom lesen können, schätzen euch, empfangen euch und erkennen euch an. Überall, wo ihr hingeht, sehen sie dieses Diplom von weitem, und dann schützen sie euch und eilen euch zu Hilfe.[2] Ja, dieses lebendige Diplom, aus machtvollen leuchtenden Emanationen bestehend, das ist das Siegel, mit dem die Stirn der Diener Gottes gezeichnet ist.

Es ist also unnütz, sich Gedanken darum zu machen, ob man einer der 144.000 Auserwählten sein wird. Man muss sich an die Arbeit machen. Die Gnade Gottes fällt nicht einfach so auf irgend jemanden, sondern nur auf Menschen, die sie sich durch ihre spirituelle Arbeit verdient haben.

Weiterführende Literatur

1. Siehe Band 220 der Reihe Izvor »Der Tierkreis, Schlüssel zu Mensch und Kosmos«, Kapitel 10: »Die 12 Stämme Israels und die 12 Heldentaten des Herkules in Verbindung mit dem Tierkreis«.

2. Siehe Band 32 der Reihe Gesamtwerke »Die Früchte des Lebensbaums – Die kabbalistische Überlieferung«, Kapitel 22: »Die Naturgeister« und Band 226 der Reihe Izvor »Das Buch der göttlichen Magie«, Kapitel 8: »Die Zusammenarbeit mit den Naturgeistern«.

Kapitel 10

DIE FRAU UND DER DRACHE

»Und es erschien ein großes Zeichen am Himmel: eine Frau, mit der Sonne beklei-det, und der Mond unter ihren Füßen und auf ihrem Haupt eine Krone von zwölf Sternen. Und sie war schwanger und schrie in Kindsnöten und hatte große Qual bei der Geburt. Und es erschien ein anderes Zeichen am Himmel, und siehe, ein großer, roter Drache, der hatte sieben Häupter und zehn Hörner und auf seinen Häup-tern sieben Kronen, und sein Schwanz fegte den dritten Teil der Sterne des Himmels hinweg und warf sie auf die Erde. Und der Drache trat vor die Frau, die gebären sollte, damit er, wenn sie geboren hätte, ihr Kind fräße. Und sie gebar einen Sohn, einen Knaben, der alle Völker wei-den sollte mit eisernem Stabe. Und ihr Kind wurde entrückt zu Gott und seinem Thron. Und die Frau entfloh in die Wüste, wo sie einen Ort hatte, bereitet von Gott, dass sie dort ernährt werde tausendzweihundertundsechzig Tage.«

(Off 12, 1-7)

Man kann diesen Text mit dem Abschnitt aus der Genesis in Verbindung bringen, wo es der Schlange gelingt, Eva zu überreden, von der verbotenen Frucht zu essen. Vom symbolischen Gesichtspunkt des Sephirothbaumes aus gesehen entspricht Eva, das weibliche Prinzip, der Sephira Jesod, dem Mond (siehe Sephirothbaum, Seite 96/97). Doch Jesod ist ein Bereich nahe Malkuth, der Erde, und wenn sie nicht mit Tiphereth verbunden ist, der Sonne, findet sie sich allein irdischen oder sogar unterirdischen Einflüssen ausgesetzt.[1] Denn unter der Erde wohnen die Kliphot, die schwarzen Sephiroth, die Kräfte des Bösen, durch die Schlange oder den Drachen symbolisiert. Und genau das geschah mit Eva. Der Schlange, die sich bei ihr einschmeichelte, gelang es nur deshalb, sie zu verführen, das heißt sie in die unterirdischen Regionen zu ziehen, denen die Schlange angehört, weil Eva nicht mit Tiphereth, der Sonne, verbunden war.

Der von Johannes beschriebenen Frau ist es dagegen gelungen, Jesod zu verlassen – da sie den Mond unter ihren Füßen hat – und sich bis zu Tiphereth zu erheben, da sie von der Sonne eingehüllt ist. Schließlich ist ihr Haupt von zwölf Sternen gekrönt, um zu zeigen, dass sie auch das Licht der ersten Sephiroth empfängt. Vor dieser Frau wand sich ein Drache mit zehn

Hörnern (den zehn schwarzen Sephiroth, auch Kliphot genannt) und sieben Köpfen, die Diademe tragen (die sieben Planeten in ihren niederen Manifestationen). Der Drache stellt also den auf den Kopf gestellten Baum des Lebens dar. Es gibt die Fürsten der Finsternis, so wie es auch die Fürsten des Lichts gibt; und darum trägt der Drache Diademe. Aber trotz seiner Macht kann er nicht über die Frau triumphieren. Im Unterschied zu Eva entkommt sie seinem Zugriff.

Doch diese Frau ist schwanger und der Drache wartet darauf, dass sie ihr Kind zur Welt bringt, um es zu verschlingen. Symbolisch gesehen stellt dieses Kind das Kommen einer neuen Ära dar, und der Drache, die Kräfte der Finsternis, die sich dem widersetzen, weil sie sich der Evolution der Menschheit widersetzen, versuchen das Kind gleich nach der Geburt zu vernichten. Diese Vorstellung wird auch etwas später durch das Bild der großen Hure dargestellt, die auf einem Tier sitzt, das sieben Köpfe hat und zehn Hörner wie der Drache (Off 17, 1-7). Das beweist, dass es sich um dieselbe Symbolik handelt: die Welt der Finsternis – dargestellt durch die höllischen Sephiroth und die große Hure –, die sich der Welt des Lichts widersetzt, dargestellt durch die höheren Sephiroth und die mit Sternen gekrönte Frau.

Jetzt fragt ihr euch vielleicht, warum es sich in beiden Fällen um eine Frau handelt. Nun, weil das weibliche Prinzip die Schlüssel zur Verwirklichung in der Materie besitzt, und diese Verwirklichung kann zum Guten wie auch zum Bösen geschehen. Die Frau hat die Aufgabe, Kinder in die Welt zu setzen, aber ein Kind, das kann auch eine Materialisation auf anderen Ebenen, wie der psychischen oder der spirituellen Ebene, sein. Denn es wirken die gleichen Gesetze auf allen Ebenen. Es liegt in der Natur der Frau, sehr feinstoffliche Teilchen auszuströmen, eine ätherische Materie, die dazu dienen kann, Ideen und Pläne zu inkarnieren, ihnen einen Körper zu verleihen.

Es ist also an den Frauen, sich zu entscheiden, welche Ideen sie verwirklicht sehen wollen. Auf der Stirn der großen Hure stand geschrieben: »Babylon die Große, Mutter der Erde«. Dieses Bild der Hure, mit einer Inschrift auf der Stirn, drückt deutlich die Pläne aus, die sie zu verwirklichen beabsichtigt. Wollen die Frauen der Erde an der Verwirklichung dieser Pläne mitwirken? Sie müssen wissen, dass sie das Heil oder das Verderben der Menschheit in ihren Händen haben, je nachdem welche Richtung sie einschlagen. Ja, die Frauen müssen sich ihrer ungeheuren Macht bewusst werden, und begreifen, dass genauso wie auf der

Ebene der Archetypen oben im Himmel nur eine Frau existiert, die kosmische Frau, eingehüllt von der Sonne und gekrönt von Sternen, auch sie sich genauso vereinen können, um nur eine einzige Frau zu bilden. Sie wird das neue Leben zur Welt bringen, das am Ende der Apokalypse durch das Herabsteigen des Himmlischen Jerusalem symbolisiert wird.

Wie viele Geistliche und Spiritualisten haben die Frau verachtet, ohne zu wissen, dass sie aufgrund dieser Geringschätzung das Reich Gottes nicht verwirklichen konnten! Oh ja, sie werden sich vielleicht über meine Worte aufregen, aber es ist die Wahrheit. Viele haben die Frau als ein niederes Wesen dargestellt, das von allen Lastern heimgesucht ist, ein Geschöpf des Teufels, das man meiden muss. Sie waren sich nicht im Klaren darüber, dass sie die Frauen mit dieser inneren Einstellung sehr negativ beeinflussten. Indem sie ihnen ständig vorwarfen, nachlässig, kokett und verschwenderisch zu sein, skrupellos, verführerisch, heuchlerisch usw., schufen sie nur die Bedingungen dafür, dass sie dazu wurden. Manche sind sogar so weit gegangen, dass sie in ihnen nur noch die Hure sahen, die auf der Stirn geschrieben trug »Babylon, die Große, Quelle aller Gräuel«. Und doch, wenn man der Frau all ihre Möglichkeiten offenbart, und ihr die richtigen Bedingungen verschafft, kann sie zu der von der Sonne umhüllten und mit Sternen gekrönten Frau werden, die das Reich Gottes, das Neue Jerusalem zur Welt bringt.[2]

Man darf also niemals vergessen, dass das Reich Gottes sich auf der Erde nur durch die Frauen verwirklichen wird, denn allein die Frau besitzt die Materie, durch die es Gestalt annehmen kann. Ihr seht, wie viele Denkweisen noch verändert werden müssen!

Weiterführende Literatur

1. Siehe Band 236 der Reihe Izvor »Weisheit aus der Kabbala – Der lebendige Strom zwischen Gott und Mensch«, Kapitel 5: »Die Sephiroth der mittleren Säule«.

2. Siehe Band 214 der Reihe Izvor »Liebe, Zeugung und Schwangerschaft – Die geistige Galvanoplastik und die Zukunft der Menschheit«, Kapitel 13: »Das Reich Gottes, Kind der Kosmischen Frau«.

Kapitel 11

ERZENGEL MICHAEL
STRECKT DEN DRACHEN NIEDER

»Und es erhob sich ein Streit im Himmel: Michael und seine Engel stritten wider den Drachen. Und der Drache und seine Engel stritten und siegten nicht, auch ward ihre Stätte nicht mehr gefunden im Himmel. Und es ward gestürzt der große Drache, die alte Schlange, die da heißt Teufel, auch Satan, die die ganze Welt verführt. Er ward geworfen auf die Erde und seine Engel wurden mit ihm dorthin geworfen«.

(Off 12, 7-10)

Drache ist der Name, den die Überlieferung dem kosmischen Prinzip des Bösen gegeben hat. Diese kollektive Wesenheit ist auch als eine Armee rebellischer Engel dargestellt worden, die sich unter der Leitung ihres Führers Luzifer gegen Gott aufgelehnt hat. Und dieser Armee des Bösen stellen sich die himmlischen Heerscharen mit Erzengel Michael an der Spitze entgegen.

Warum Michael? Die Überlieferung berichtet, dass Luzifer erklärte, Gott gleich zu sein und Ihn vom Thron stürzen wollte; da erhob sich ein anderer Erzengel, empört über diesen Hochmut, stellte sich vor ihn und fragte: »Mi (wer) cha (wie) EL (Gott)?«, das heißt: »Wer ist wie Gott?« Und daraufhin wurde er Michael genannt und an die Spitze der himmlischen Armee gestellt. Auf dem Sephirothbaum ist Michael der Erzengel der Sephira Tiphereth, der Sephira der Sonne, dem Licht, das die Finsternis bekämpft.

Es hat auf der Erde immer wagemutige Menschen gegeben, die einen gnadenlosen Kampf gegen den Drachen führten. Aber bis heute ist es niemandem gelungen, ihn zu besiegen, denn dieser Kampf ist keine Angelegenheit der Menschen, denn sie haben weder die Größe, noch den Weitblick, noch die Macht und die Methoden, um dies zu tun. Nur ein himmlisches Wesen, Erzengel Michael, ist fähig, den Drachen zu besiegen. All diejenigen, die sich eingebildet haben, stark genug zu sein, um gegen das Böse in den Krieg zu ziehen, wurden besiegt. Denn das Böse ist eine außergewöhnlich starke kosmische Kraft. Es ist ein Irrtum, zu glauben, wie manche es tun, dass die Kräfte des Bösen den Kräften des Guten gleichkommen, und dass der Teufel eine so gewaltige

Wesenheit sei, dass er Gott ewig die Stirn bieten könne.[1] Aber für die Menschen ist er in der Tat unbesiegbar.

Ihr erwidert: »Aber dann ist nichts zu machen, können wir gar nichts daran ändern?« Doch, wir können uns jeden Tag in der Armee des Guten engagieren, in der Armee der Kinder Gottes. Und an dem Tag, an dem diese Armee zahlreich genug sein wird, werden die Wesen der Finsternis besiegt sein. Sie können ihre bösen Aktivitäten nur deshalb ausführen, weil sie von der Gier und den niederen Begierden der Menschen genährt werden. Aber eines Tages werden sie durch die kosmischen Kräfte des Guten, deren Symbol Erzengel Michael ist, niedergeworfen und in Ketten gelegt. Ja, denn Erzengel Michael ist ein wirklich existierendes Wesen, und er wird an der Spitze dieses Egregores stehen, das von allen großen Meistern und Schülern der Universellen Weißen Bruderschaft gebildet wird. Und wenn ich sage »Schüler der Universellen Weißen Bruderschaft«, dann meine ich damit all diejenigen, die für das Licht arbeiten, welcher Religion oder spirituellen Bewegung sie auch immer angehören.[2]

Ist der Augenblick gekommen, wird sich Erzengel Michael erheben, um den Drachen niederzuwerfen, mit Hilfe seiner Armee aus Engeln des Lichts. Er wird verwirklichen, worum die Menschen den Schöpfer seit Jahrtausenden fortwährend bitten. Darum müssen wir uns mit ihm verbinden, um seinen Schutz bitten und um die Möglichkeit, mit ihm zusammenzuarbeiten, um seinen Sieg zu verstärken. Das Licht wird über die Finsternis siegen, das ist vorhergesagt und wird so geschehen; warum also nicht an diesem Ereignis teilnehmen, indem man jeden Tag seine Energien dem Licht, der Güte, der Bruderschaft weiht?

Weiterführende Literatur

1. Siehe Band 237 der Reihe Izvor »Das kosmische Gleichgewicht - Die Zahl 2«, Kapitel 5: »Gott steht über dem Guten und dem Bösen«.

2. Siehe Band 29 der Reihe Gesamtwerke »Die Pädagogik in der Einweihungslehre, Teil 2 und 3«, Kapitel 7: »Nehmt teil an der Arbeit der Universellen Weißen Bruderschaft«.

Kapitel 12

DER DRACHE SPEIT WASSER
AUF DIE FRAU

»Und als der Drache sah, dass er auf die Erde geworfen war, verfolgte er die Frau, die den Knaben geboren hatte. Und es wurden der Frau gegeben die zwei Flügel des großen Adlers, dass sie in die Wüste flöge an ihren Ort, wo sie ernährt werden sollte eine Zeit und zwei Zeiten und eine halbe Zeit, fern von dem Angesicht der Schlange. Und die Schlange stieß aus ihrem Rachen Wasser aus wie einen Strom hinter der Frau her, um sie zu ersäufen. Aber die Erde half der Frau und tat ihren Mund auf und verschlang den Strom, den der Drache ausstieß aus seinem Rachen.«

(Off 12, 13-17)

Damit sie dem Drachen entkommen konnte, gab man der Frau zwei große Adlerflügel. In der Tat stellt die Überlieferung, vom symbolischen Gesichtspunkt, dem Drachen oder der Schlange, die auf der Erde kriecht, den Adler gegenüber, der hoch oben im Himmel fliegt.

Um sich der Frau zu bemächtigen, spie der Drache *»Wasser wie ein Strom, um sie durch die Flut zu ersäufen«*. Dieses Wasser hat in Wirklichkeit überhaupt keine Beziehung zum physischen Wasser, es stellt vielmehr die Kräfte des Drachen, seine Energien, dar. Wasser ist das Symbol des Lebens. Alle Energien, die im Universum kreisen, werden als Wasser dargestellt, als ein Fluidum, welches das Leben aufrechterhält und nährt. Obgleich es sich um ein gefallenes Geschöpf handelt, besitzt auch der Drache das Leben, und dieses Wasser, das er aus sich hinaus speit, um die Frau zu ertränken, ist ein Ausdruck des Lebens. Rein oder verschmutzt, das Wasser repräsentiert immer das Leben, sei es nun das göttliche Leben, das Leben der Engel, das menschliche Leben oder das höllische Leben, es ist immer das Leben.[1]

Das Bild eines Stromes hilft uns am besten, diese Idee zu verstehen. Ein Strom nimmt seinen Ursprung auf den Höhen, im Gebirge, und beendet seinen Lauf Tausende Kilometer weiter im Meer. Wenn das Wasser aus der Quelle sprudelt, ist es kristallklar, köstlich und nahrhaft. Aber allmählich fließt es immer weiter hinab und durchquert alle möglichen Regionen, in denen es Abfälle und Schmutz aufnehmen muss. Und daher ist es, wenn es ins Meer gelangt, nur noch eine Flüssigkeit, die kaum noch gut genug ist, um die Gärten zu bewässern und allen möglichen Insekten Leben zu spenden.

In gleicher Weise sprudelt das Leben aus dem Thron Gottes, strahlend und rein. Es strömt durch alle Bereiche des Universums hinab, wo es deren Bewohner nährt und tränkt: die Seraphin, die Cherubin, die Throne, die Herrschaften, die Mächte, die Himmelskräfte, die Fürstentümer, die Erzengel, die Engel und schließlich die vollendeten Seelen, das heißt, die Propheten, die großen Meister, die Eingeweihten.[2] Wenn aber dieser machtvolle Strom noch weiter hinunter gelangt, in den Bereich der gewöhnlichen Menschen, geschieht genau das Gleiche wie bei dem Strom, der von den Bergen herabfließt, und den die Menschen, die an seinen Ufern wohnen, ständig verschmutzen.

Auf der Mentalebene, auf der Astralebene, sowie auf der physischen Ebene werfen die Menschen ohne es zu wissen, ständig ihren Schmutz in diesen Strom des Lebens, der zum Schluss nur noch einem Sumpf gleicht. Jeder ist gezwungen, die von den anderen weggeworfenen Abfälle aufzunehmen, alles was den Instinkten, dem Groll, den schlecht beherrschten Leidenschaften entströmt. Aber ob es rein oder verschmutzt ist, dieses Leben, das von Gott kommt, ist immer das Leben, auch wenn es bis in die unterirdischen Regionen herabströmt, wo es auch deren Bewohner ernährt. Denn was meint ihr, womit diese Wesenheiten, die wir Dämonen nennen, wohl sonst ihre Existenz nähren?

Die beiden Enden eines Flusses – die Quelle auf dem Berg und die Mündung ins Meer – stellen die beiden gegensätzlichen Pole des psychischen Lebens dar: das Überbewusstsein und das Unterbewusstsein, den Himmel und die Hölle. Denn für gewöhnlich und neben anderen symbolischen Bedeutungen, wird das Meer, aufgrund seiner unorganisierten und chaotischen Natur, mit seinen bodenlosen Abgründen, oft als ein Ort betrachtet, wo finstere Kräfte und bösartige Wesenheiten geboren werden und sich entwickeln, so wie der Leviathan, das im Buch Hiob erwähnte Meeresungeheuer (Hiob 3, 8).

Das Wasser, das der Drache ausspeit, stellt daher einen Teil der Kräfte dar, die er aussendet, um die Frau fangen zu können. Es ist Wasser, es ist Leben, aber auf seinen niederen Stufen. Doch dieses Wasser wird von der Erde aufgenommen, was ebenso symbolisch zu sehen ist. Ihr wisst, dass sich die vier Elemente auf der physischen Ebene gegenseitig verstärken oder neutralisieren können. Nun, auf der psychischen Ebene ist es genauso. Auf der psychischen Ebene kann die Erde genauso die schlechten Strömungen absorbieren. Darum habe ich euch Übungen gegeben, die ihr mit der Erde machen könnt. Wenn ihr euch beunruhigt fühlt, von negativen Kräften durchflutet, könnt ihr euch auf die Erde legen, ein kleines Loch graben, dort eure Finger hineinstecken und die Wesen, die dort im Boden arbeiten, bitten, euch von diesen negativen Strömungen zu befreien.

Die Erde hat die Frau gerettet, indem sie das Wasser, das der Drache nach ihr spie, in sich aufsog; in gleicher Weise kann die Erde auch uns retten, indem sie die schädlichen Einflüsse aufnimmt, die unsere niedere Natur – der wahre Drache – uns sendet. Die Entwicklung der Gesellschaft bewirkt, dass die Menschen immer weniger Kontakt mit der Erde haben. Das ist bedauerlich, denn diese Kontakte sind immer wohltuend für die Psyche. Mehrfach habe ich Personen, die unter Ängsten oder Besessenheit litten, geraten, mit der Erde zu arbeiten, denn hacken, graben, Unkraut jäten oder pflanzen kann geradezu als Therapie praktiziert werden. Wieder einmal seht ihr, dass die Symbole der Apokalypse nicht ohne Verbindung zu den Problemen des täglichen Lebens sind.

Weiterführende Literatur

1. Siehe Band 240 der Reihe Izvor »Söhne und Töchter Gottes«, Kapitel 1: »Ich bin gekommen, damit sie das Leben haben« und Kapitel 12: »Aus seinem Leib werden Ströme lebendigen Wassers fließen«.

2. Siehe Band 236 der Reihe Izvor »Weisheit aus der Kabbala – Der lebendige Strom zwischen Gott und Mensch«, Kapitel 3: »Die Engelshierarchien«.

Kapitel 13

DAS TIER, DAS AUS DEM MEER EMPORSTEIGT UND DAS TIER, DAS AUS DER ERDE EMPORSTEIGT

»Und ich sah ein Tier aus dem Meer steigen, das hatte zehn Hörner und sieben Häupter und auf seinen Hörnern zehn Kronen und auf seinen Häuptern lästerliche Namen. Und das Tier, das ich sah, war gleich einem Panther und seine Füße wie Bärenfüße und sein Rachen wie ein Löwenrachen. Und der Drache gab ihm seine Kraft und seinen Thron und große Macht. Und ich sah eines seiner Häupter, als wäre es tödlich verwundet, und seine tödliche Wunde wurde heil. Und die ganze Erde wunderte sich über das Tier, und sie beteten den Drachen an, weil er dem Tier die Macht gab, und beteten das Tier an und sprachen: Wer ist dem Tier gleich, und wer kann mit ihm kämpfen? Und es wurde ihm ein Maul gegeben, zu reden große Dinge und Lästerungen, und ihm wurde Macht gegeben, es zu tun zweiundvierzig Monate

lang. Und es tat sein Maul auf zur Lästerung gegen Gott, zu lästern seinen Namen und sein Haus und die im Himmel wohnen...«

(Off 13, 1-7)

»Und ich sah ein zweites Tier aufsteigen aus der Erde; das hatte zwei Hörner wie ein Lamm und redete wie ein Drache. Und es übt alle Macht des ersten Tieres aus vor seinen Augen, und es macht, dass die Erde und die darauf wohnen, das erste Tier anbeten, dessen tödliche Wunde heil geworden war. Und es tut große Zeichen, so dass es auch Feuer vom Himmel auf die Erde fallen lässt vor den Augen der Menschen; und es verführt, die auf Erden wohnen, durch die Zeichen, die zu tun vor den Augen des Tieres ihm Macht gegeben ist; und sagt denen, die auf Erden wohnen, dass sie ein Bild machen sollen dem Tier, das die Wunde vom Schwert hatte und lebendig geworden war... Wer Verstand hat, der überlege die Zahl des Tieres; denn es ist eines Menschen Zahl, und seine Zahl ist sechshundertsechsundsechzig.«

(Off 13, 11-18)

Besiegt von Erzengel Michael und den himmlischen Heerscharen, ist der Drache auf die Erde und ins Meer geworfen worden:

»Weh aber der Erde und dem Meer! Denn der Teufel kommt zu euch hinab und hat einen großen Zorn und weiß, dass er wenig Zeit hat.«
(Off 12, 12)

Und dort erhält er die Verstärkung der beiden Tiere: des einen, das aus dem Meer steigt, und des anderen, das sich aus der Erde erhebt, denn symbolisch gesehen entsprechen in der Tat Wasser und Erde den Bereichen, die noch nicht vom Geist aufgesucht und organisiert sind, das heißt der niederen Natur.[1]

Der Einweihungswissenschaft gemäß existiert auf der einen Seite eine kosmische Wesenheit des Bösen, je nachdem bezeichnet als Satan, Luzifer oder Drache, etc., und auf der anderen Seite existieren Reservoire von dunklen boshaften Kräften, die sich durch üble Gedanken, Gefühle und Taten der Menschen angesammelt haben. Diese Reservoire werden »Egregore« genannt, aber so wie es finstere Egregore gibt, so gibt es natürlich auch Egregore des Lichts, die durch die Ansammlung von guten Gedanken, Gefühlen und Taten der Menschen gebildet worden sind. Die Hellseher, die die finsteren Egregore gesehen haben, sagen, sie hätten die Form von wilden Tieren. Das Tier, das aus dem Meer steigt, und das Tier, das aus der Erde hervorkommt, das sind solche Egregore. Der Drache gibt seine Macht diesen Tieren, aber sie stärken auch die Macht des Drachen, indem sie die Bewohner der Erde dazu verleiten, ihn anzubeten und andererseits den Namen Gottes zu lästern.

Von dem zweiten Tier, das aus der Erde emporsteigt, sagt Johannes, seine Zahl sei 666. Diese Zahl hat zu allen möglichen Interpretationen veranlasst. Wie viele haben eiligst herauszufinden versucht, welche historische Person, welche Doktrin oder Ideologie sie darstellen könnte, anstatt nach dem Verständnis ihres symbolischen Gehaltes zu suchen. Das führte dann je nach Epoche zu verschiedenen Ansichten. Einmal sah man darin Nero, dann den Protestantismus, Napoleon, Hitler, den Kommunismus... Aber diese Zahl ist ein Symbol: dreimal sechs, die Zahl sechs in den drei Welten.

Um die Zahl sechs zu verstehen, muss man sie in Bezug auf die Zahl fünf untersuchen. Die Fünf ist die Zahl des Menschen, wenn man ihn mit ausgebreiteten Armen und Beinen zeichnet. So passt er in den Fünfstern, das Pentagramm. Die Zahl fünf stellt den Menschen dar, der sich seiner tierischen Natur, durch den Schwanz symbolisiert, entledigt hat. Die Zahl sechs ist also die Zahl des Tieres. Ihr seht daher, wie wichtig es für den Schüler ist, dass er daran arbeitet, die Zahl fünf in sich zu verwirklichen. Und wie kann er das machen? Durch die fünf Tugenden des Pentagramms: Weisheit, Liebe, Wahrheit, Güte, Gerechtigkeit.[2]

138

Vom Tier bis zum Menschen zu gelangen, bedeutet also, von der Sechs zur Fünf zu gelangen; und das ist keineswegs einfach, denn die menschliche Natur ist der tierischen Natur, mit all ihren Instinkten und Gelüsten, noch sehr nahe! Wir alle schleppen unsere tierische Vergangenheit mit uns herum: die List der einen, Brutalität, Grausamkeit, Wildheit oder Sinnlichkeit der anderen... Es geht jetzt darum, an den psychischen und geistigen Qualitäten zu arbeiten, um all diesen instinkthaften Neigungen die Stirn bieten zu können. Das ist das Problem, das wir alle zu lösen haben.

Die tierische Natur ist natürlich mächtig, weil sie sehr alt ist. Sie hatte Jahrtausende Zeit, um sich zu üben und zu stärken, weil sie unter sehr schwierigen Bedingungen gelebt hat. Seht nur die Tiere, all die Schwierigkeiten, denen sie trotzen müssen, damit sie überleben, Nahrung finden, sich einen Unterschlupf verschaffen, ihn bewahren, ihre Jungen aufziehen und sie vor anderen Tieren schützen. Wie soll wohl unsere instinkthafte Natur, nachdem sie unter solchen Bedingungen gelebt hat, jetzt so ohne weiteres sanft, gut und großmütig sein?... Was man aber ebenso wissen muss ist, dass sie nicht die letzte Etappe der menschlichen Entwicklung darstellt. Es ist jetzt an der Weisheit, der Intelligenz ihre Qualitäten zu manifestieren, um diese ungeheure Kraft auszugleichen, die wir alle in uns tragen und die genau das ist, was in der Apokalypse das Tier genannt wird. Dieses Tier, wo sucht ihr es? Bei den anderen? Nein, es ist in jedem von uns. Es existiert äußerlich, kollektiv, das stimmt, aber das wahre Verständnis besteht darin, es in uns selbst zu erkennen, als unsere niedere Natur.

Wir müssen uns daher bewusst werden, wie bedeutungsvoll diese Arbeit ist, die wir an unserer niederen Natur mit den Waffen von Intellekt, Seele und Geist durchführen müssen. Denn was glaubt ihr, was sonst geschieht? Dass das Tier sich dafür erkenntlich zeigen wird, dass ihr es ernährt und ihm gedient habt? Denkt ihr! Es wird euch zum Schluss verschlingen... Seht nur, was über die große Hure geschrieben steht, die auf dem Tier mit zehn Hörnern und sieben Köpfen saß:

»Und die zehn Hörner (sie sind, wie ich euch bereits gesagt habe, das Symbol der zehn schwarzen Sephiroth), die du gesehen hast, und das Tier, die werden die Hure hassen und werden sie ausplündern und entblößen und werden ihr Fleisch essen und werden sie mit Feuer verbrennen.«

(Off 17, 16)

Oh ja, wenn man nicht achtsam ist, wird man schließlich immer von der niederen Natur in Stücke gerissen, nachdem man sie gewärmt, genährt und umschmeichelt hat!

Weiterführende Literatur

1. Siehe Band 213 der Reihe Izvor »Die menschliche und göttliche Natur in uns«, Kapitel 2: »Die niedere Natur, eine umgekehrte Spiegelung der höheren Natur«.

2. Siehe Band 218 der Reihe Izvor »Die geometrischen Figuren und ihre Sprache«, Kapitel 4: »Das Pentagramm«.

Kapitel 14

DAS HOCHZEITSFEST DES LAMMES

»Und ich hörte, und es war wie eine Stimme einer großen Schar und wie eine Stimme großer Wasser und wie eine Stimme starker Donner, die sprachen: Halleluja! Denn der Herr, unser Gott, der Allmächtige hat das Reich eingenommen! Lasst uns freuen und fröhlich sein und ihm die Ehre geben, denn die Hochzeit des Lammes ist gekommen, und seine Braut hat sich bereitet! Und es ward ihr gegeben, sich anzutun mit schöner reiner Leinwand, die köstliche Leinwand aber ist die Gerechtigkeit der Heiligen. Und der Engel sprach zu mir: schreibe: Selig sind, die zum Hochzeitsfest des Lammes gerufen sind!«

(Off 19, 6-9)

»Und ich sah die heilige Stadt, das Neue Jerusalem, von Gott aus dem Himmel herabfahren, bereit wie eine geschmückte Braut ihrem Manne.«

(Off 21, 2)

143

»Und es kam zu mir einer von den sieben Engeln, welche die sieben Schalen hatten, voll der letzten sieben Plagen, und redete mit mir und sprach: Komm, ich will dir das Weib zeigen, die Braut des Lammes. Und er führte mich hin im Geist auf einen großen hohen Berg und zeigte mir die heilige Stadt Jerusalem hernieder fahren aus dem Himmel von Gott, die hatte die Herrlichkeit Gottes.«

(Off 21, 9-10)

Ein großes Fest wird im Himmel vorbereitet: die Hochzeit des Lammes. Und die Braut des Lammes ist das Neue Jerusalem. Natürlich wird die große Mehrheit der Menschen überrascht sein, diese Braut als eine Stadt zu sehen; sie sind nicht bereit, diese Sichtweise der Dinge anzunehmen, denn die Art, wie sie die Ehe auffassen und leben, ist zu weit von dem entfernt, was die wahre Ehe in Wirklichkeit ist: die Vereinigung der beiden großen kosmischen Prinzipien, des ewig männlichen und des ewig weiblichen, worin alles, was im Universum existiert, seinen Ursprung hat.[1]

Ja, die Ehe, die wahre Ehe, so wie sie die größten Eingeweihten immer verstanden haben, das ist die Vereinigung der beiden großen Prinzipien männlich und weiblich: Geist und Materie. Und diese Vereinigung ist

144

eine Arbeit des Geistes an der Materie, um ein vollkommenes Leben hervorzubringen. Die Materie ist undurchsichtig, leblos, ohne Form, und der Geist durchdringt sie, um sie zu beleben, lichtvoll und ausdrucksvoll zu machen. Der Geist selbst ist so feinstofflich und unfassbar, dass er eine Materie finden muss, wenn er Gestalt annehmen und sich verdichten will. Wenn es dem Geist gelungen ist, die Materie zu verfeinern und wenn es der Materie gelungen ist, den Geist zu verdichten, dann verwirklichen sie eine großartige Vereinigung und Verschmelzung. Das ist die wahre Ehe.

Das Lamm, dessen Hochzeit man feiert, ist ein Symbol des Christus, des Geistes, und seine Braut ist diese irdische Stadt, Symbol der Materie, die durch ihr Verschmelzen mit ihm zum Himmlischen Jerusalem wird, der Stadt Gottes. Und wenn man auf der Erde eine Ehe mit einem Fest feiert, wo die geladenen Gäste festlich gekleidet sind, so wird auch auf der spirituellen Ebene die Hochzeit, symbolisch gesehen, von einem Fest begleitet, bei dem alle Festgewänder tragen müssen. Für den Schüler kann dieses Fest jeden Tag stattfinden, denn die Hochzeit des Geistes und der Materie, des Himmels und der Erde, vollzieht sich täglich. Wir Menschen können uns jeden Tag mit der göttlichen Welt vereinen, dank unserer lichtvollen Kleider der Aura.[2]

Seid also aufmerksam, damit ihr bereit seid, an den Festen teilzunehmen, die der Herr, die göttliche Mutter und alle Engelshierarchien geben. Ihr glaubt, es genüge am Fest teilnehmen zu wollen, um zugelassen zu werden? Oh nein, um zugelassen zu werden, muss man bestimmte Bedingungen erfüllen. Und wenn ihr einfach so erscheint, ohne bereit zu sein, so wird euch das gleiche Missgeschick zuteil werden wie diesem Mann, von dem Jesus in einem Gleichnis spricht: Er begab sich ohne sein Festgewand zu einer Feier und wurde nicht zugelassen (Mt 22, 11-14).[3] Das Gewand ist das Symbol für den inneren Zustand, die Qualitäten, die man entwickelt haben muss, um am Hochzeitsfest des Lammes teilnehmen zu können.

Ihr werdet jetzt vielleicht nicht gleich dazu eingeladen sein, oben an der Tafel zur Rechten des Hausherrn Platz zu nehmen, aber das macht nichts. Selbst am anderen Ende des Tisches lohnt es sich, einen kleinen Platz zu haben, um an diesem Fest teilnehmen zu können.

Weiterführende Literatur

1. Siehe Band 214 der Reihe Izvor »Liebe, Zeugung und Schwangerschaft – Die geistige Galvanoplastik und die Zukunft der Menschheit«, Kapitel 2: »Mann und Frau - Abbild des männlichen und weiblichen Prinzips« und Kapitel 3: »Die Ehe«.

2. Siehe Band 235 der Reihe Izvor »Im Geist und in der Wahrheit – Wie finde ich zu Gott?«, Kapitel 8: »Das Lichtkleid« und Band 309 der Reihe Broschüren »Die Aura – Unsere geistige Haut«.

3. Siehe Band 243 der Reihe Izvor »Das Lächeln des Weisen«, Kapitel 14: »Beim Festmahl«.

Kapitel 15

DER FÜR TAUSEND JAHRE
GEFESSELTE DRACHE

»Und ich sah einen Engel vom Himmel fahren, der hatte den Schlüssel zum Abgrund und eine große Kette in seiner Hand. Und er griff den Drachen, die alte Schlange, das ist der Teufel und Satan und band ihn tausend Jahre. Er warf ihn in den Abgrund, verschloss ihn und tat ein Siegel oben drauf, dass er nicht mehr verführen sollte die Völker, bis dass vollendet würden die tausend Jahre. Danach muss er los werden eine kleine Zeit.«

(Off 20, 1-4)

Der Drache wurde also von Erzengel Michael und den himmlischen Heerscharen zu Boden geworfen, und da liegt er jetzt in Ketten und für tausend Jahre in den Abgrund geworfen. Dann wird man ihn für eine kurze Zeit wieder frei lassen. Bedeutet das, dass das Böse aufs Neue auf der Erde herrschen wird?... Nein, weil man den Drachen nicht einfach so diese tausend Jahre unter der Erde lassen

149

wird, ohne etwas zu tun. Bestimmte Wesen werden sich um ihn kümmern. Auf welche Weise? Nun, man wird ihn erziehen. Man wird ihm Pädagogen zur Seite stellen, die ihm eine gute Erziehung verpassen werden... Und sogar Pediküre und Maniküre wird er erhalten, um ihm die Krallen zu feilen und Zahnärzte werden ihm die Zähne schleifen, sein Gift entziehen und ihn harmlos machen. Aber ja, es gibt dort unter der Erde Werkstätten, in denen man ihn einigen Behandlungen unterziehen wird, um ihm Manieren beizubringen. Was würde es sonst nützen, einen Drachen tausend Jahre lang einzusperren? Sobald er wieder hervorkommt, würde er den gleichen Schaden, die gleichen Verwüstungen anrichten. Ein Drache ändert sich nicht, wenn er nicht etwas hart angefasst wird. Darum werden sich Wesen um ihn kümmern, die ihr Metier als Erzieher vollkommen beherrschen. Sie werden ihm sagen: »Jetzt geht's dir an den Kragen. Du hast die Menschen genug gequält. Man wird dir einige gute Lektionen erteilen.«

Es widerspricht der göttlichen Weisheit, Geschöpfe zu töten oder sie untätig zu lassen. Für die kosmische Intelligenz dürfen weder Trägheit noch Tod existieren. Überall kommen Aktivität und Leben zum Ausdruck. Darum ist vorgesehen, dass selbst die am tiefsten gefallenen Geschöpfe wie Drache und Teufel eines

150

Tages zu Gott zurückkehren können. Ihr glaubt mir nicht? Dennoch ist es wahr. Die Menschen sind so grausam, dass sie nicht einmal wollen, dass die Teufel sich bessern! Sie meinen, dass sie für alle Ewigkeit in der Hölle schmoren sollen. Oh nein, der Herr will sie klüger machen und sie zu sich zurückkehren lassen. Da er aber unendlich viel Geduld hat, hat er es nicht eilig und darum gibt es noch Teufel, um die Menschen zu quälen. Aber es heißt, dass eine Zeit kommen wird, wo sie sie nicht mehr quälen können, weil sie angekettet sein werden, und diese Zeit ist nahe.

Ihr fragt euch, woher ich das alles weiß. Nun, ich weiß es ganz einfach, weil ich es gelesen habe. Und wo?... Auf alle Fälle nicht in den Büchern der Menschen. Ich verlasse mich nicht mehr auf die Bücher von Menschen, man findet dort zu viele Irrtümer, zu viel ungereimtes Zeug, ich vergeude meine Zeit nicht mehr damit, sie zu lesen. Ich lese jetzt nur noch das Buch der lebendigen Natur.[1] Und in diesem Buch habe ich entdeckt, dass die Liebe Gottes, das Leben Gottes, bis in die Tiefen der Erde und der Abgründe hinabsteigt. Selbst dort bleiben noch einige Lebensteilchen, die den Bewohnern dieser Bereiche ein Überleben ermöglichen. Und wenn das Leben Gottes bis dort hinabsteigt, warum sollten diese Geschöpfe nicht die Möglichkeit haben gerettet zu werden?

Darum tötet man den Drachen nicht und lässt ihn auch nicht einfach so untätig sein, sondern man erzieht ihn. Oder aber man isst ihn!... Aber ja, im Talmud könnt ihr lesen, dass am Grund der Ozeane ein Meeresungeheuer lebt, der Leviathan, der das Symbol des Bösen ist; und es heißt, dass er zu guter Letzt gefangen, zerteilt, gesalzen und konserviert wird, für das Festmahl der Gerechten. Ja, so steht es geschrieben, seht euch einmal die Festmähler an, die die Gerechten erwarten: das Fleisch des Leviathan; welch eine Delikatesse und welch einen Hochgenuss haben sie da in Aussicht! Wenn das wortwörtlich zu verstehen wäre, wären viele Leute gewiss angeekelt. Man muss diesen Bericht daher interpretieren, und wie?... Da der Leviathan ein Ungeheuer ist und doch den Gerechten als Festmahl dienen soll, bedeutet das, dass das Böse zu einer Nahrung wird, das heißt zu einer Quelle von Reichtum und Segnungen, sofern man es zu nutzen weiß.

Damit ist also klar: Man kann das Böse zähmen, es betäuben, benutzen und sogar zerteilen, um es zu essen, aber man kann es nicht töten.[2] Darum sollte man besser lernen, es zu benutzen. Das ist ein neues Verständnis dieses Symbols vom Drachen.

Weiterführende Literatur

1. Siehe Band 216 der Reihe Izvor »Geheimnisse aus dem Buch der Natur«.
2. Siehe Band 11 der Reihe Gesamtwerke »Der Schlüssel zur Lösung der Lebensprobleme«, Kapitel 8: »Das Gleichnis vom Baum« und Kapitel 16: »Die Individualität soll die Personalität verschlingen«.

Kapitel 16

DER NEUE HIMMEL
UND DIE NEUE ERDE

»Und ich sah einen neuen Himmel und eine neue Erde; denn der erste Himmel und die erste Erde sind vergangen...«

(Off 21, 1)

Warum ein euer Himmel und eine neue Erde...? Wenn man diesen Satz wörtlich nimmt, kann man sich fragen, ob Gott gezwungen ist, Seine Schöpfung neu zu beginnen und warum. Ist es, weil sie alt geworden ist? Ja, was die Erde betrifft könnte man notfalls einsehen, dass sie ein wenig gealtert ist, weil sie aus Material geschaffen ist, das oxydiert und sich zersetzt und mit der Zeit wäre es möglich, dass sie ersetzt werden müsste. Aber der Himmel, der grundsätzlich aus einer reinen, leuchtenden, unvergänglichen, ewigen Materie besteht, wie kommt es, dass auch er gealtert sein soll? Außerdem steht in der Genesis geschrieben, nachdem Er Himmel und Erde geschaffen hatte, *»Gott sah an alles, was er gemacht* *hatte, und siehe, es war sehr gut«.* Wie kommt es, dass Er jetzt entdeckt, dass sie nicht mehr ganz in Ordnung sind und dass Er gezwungen ist, sie neu zu machen? Das spricht nicht gerade sehr zugunsten seiner Vollkommenheit. Und wo sollen die Bewohner untergebracht werden, während man auf die Beendigung der Arbeiten wartet, all die Myriaden von Engeln und Erzengeln? Welche Unruhe, welch ein Durcheinander im Himmel! Das sind noch Sorgen für den Herrn... Nein, das wäre absurd, man muss diesen Text anders interpretieren.

Unter den Worten »Himmel« und »Erde« muss man jeweils etwas anderes verstehen. In der Symbolsprache steht der Himmel für den spirituellen Teil des Menschen, den Bereich des Denkens, der Pläne, und die Erde steht für den Bereich der Konkretion, der Verwirklichung in der Materie. Genauso wie im Kosmos der Himmel und die Erde eine Einheit darstellen, so stehen sie auch im Menschen in Verbindung. Ein »Neuer Himmel« bedeutet neue Ideen, ein neues Verständnis, eine neue Wahrnehmung und Lebensanschauung, die eine »Neue Erde« nach sich ziehen, das heißt neue Einstellungen, neue Verhaltensweisen und eine neue Art zu leben. Der Kopf ist im Himmel und die Füße sind auf der Erde. Die Füße folgen dem Kopf nach, denn die Füße gehen dorthin, wo der Kopf bereits bestimmte

Pläne hat. Das Verhalten, das Benehmen und die Handlungsweise werden sich daher bei den Menschen ändern, aufgrund einer Veränderung des Kopfes, das heißt, aufgrund einer neuen Philosophie.

Aber dieser Neue Himmel, den Gott gerade neu erschafft, ist er wirklich so neu? Nein, er besteht seit ewigen Zeiten, aber für die Menschen wird er neu sein. Denn er ist da, aber sie sehen ihn nicht, und an dem Tag, an dem sie ihn entdecken, wird er neu sein... für sie!

Ein Neuer Himmel und eine Neue Erde... in Wirklichkeit weiß man nicht einmal, was das Wort »neu« bedeutet. Nehmen wir einen Fluss, sein Name bleibt derselbe, ob Donau, Seine oder Themse, aber das Wasser, das in ihm strömt, ist es nicht immer neu? Und die Sonne genauso, sie ist jeden Tag dieselbe und doch immer neu, denn ihre Ausströmungen und Ausstrahlungen sind in jedem Augenblick verschieden. Das was neu ist, ist das Leben, der Inhalt. Wenn ihr fähig seid, genügend weit und genügend hoch hinaufzusteigen, über all das hinaus, was Behälter ist, um den Inhalt zu erfassen, das Leben, dann werdet ihr finden, dass alles ständig neu ist, der Himmel und die Erde.

Ein Neuer Himmel und eine Neue Erde, das bedeutet, dass das Bewusstsein der Menschen sich bis zu einem Grad anheben wird, wo sie entdecken werden, was immer schon existiert hat, was sie aber noch nie wahrgenommen haben. Die Sonne ist schon immer da gewesen, aber die meisten sind sich dessen nicht bewusst. So lange sie sich nicht an ihr erfreuen, sie nicht hingebungsvoll betrachten, sie nicht als ein lebendiges, intelligentes Wesen empfinden, mit dem sie in Verbindung treten können, und so lange sie sich nicht wünschen ihr zu gleichen, so lange haben sie sie noch nicht entdeckt. Sie befinden sich noch im alten wurmstichigen und verschimmelten Himmel.

Glaubt jetzt nicht, dass ihr auf kosmische Umwälzungen warten müsst, um den Neuen Himmel kennen zu lernen. Von heute an könnt ihr ihn bewohnen. Jedes Mal, wenn ihr reine Gedanken und Gefühle nährt, wenn ihr euch entschließt für ein hohes Ideal zu arbeiten, seid ihr bereits in diesem Neuen Himmel, und dieser Neue Himmel zieht unweigerlich eine Neue Erde nach sich. Denn wer eine erhabene Philosophie annimmt, muss zwangsläufig sein Verhalten und seine Handlungsweise ändern. All die Methoden, die ihr hier gerade lernt, bezüglich Ernährung, Atmung, Arbeit, Kinderkriegen, Beziehungen zu Menschen und zum ganzen Universum, das ist die Neue Erde.[1] Worauf wartet ihr also noch, um sie zu betreten?

Unglücklicherweise scheint es nicht sehr viele Kandidaten dafür zu geben, so dass die Dinge wohl wie in der Anekdote mit den Rindern ablaufen muss. Zwei Brüder hatten ihren Vater, der gerade gestorben war, beerbt und sie begannen, sich das Erbe zu teilen. Der Jüngere von beiden war ein wenig kindisch und hatte immer etwas seltsame Ideen, die er für sehr weise hielt, und so sagte er, als der Moment gekommen war, die Rinderherde zu teilen, zu seinem älteren Bruder: »Nun, da es ja in Zukunft zwei Herden geben wird, lass uns einen neuen Stall bauen. Wenn er fertig ist, lassen wir die Rinder selbst entscheiden: Diejenigen, die den alten Stall aufsuchen, sind für dich und die, die in den neuen Stall gehen, sind für mich.« Oh ja, eine Urabstimmung bei den Rindern. Der Ältere akzeptierte und sobald der neue Stall fertig war, wurde es so gemacht wie beschlossen. Aber alle Rinder gingen in den alten Stall...weil sie daran gewöhnt waren. Nur ein Ochse, ein alter, einäugiger Ochse, lief in den neuen Stall. Ich sage euch nicht, wie der jüngere Bruder seiner Enttäuschung Luft gemacht hat...

Nun, es droht genauso zu werden mit dem Neuen Himmel und der Neuen Erde. Manchmal habe ich Lust, zum Herrn zu sagen: »Als Du daran gedacht hast, einen neuen Himmel und eine neue Erde zu bauen, warst Du Dir dabei über die menschliche Mentalität im Klaren? Was hast Du Dir dabei erhofft? Worauf hast Du gezählt? Schau nur, der neue Himmel ist unbewohnt, es gibt dort niemanden.« Oh ja, ich bin vielleicht der Einzige, wie der alte einäugige Ochse, der aus einem mir unerfindlichen Grund dort hinein getrabt ist. Sicher, ich werde dem Herrn das nicht sagen, denn Er weiß was Er tut. Vielleicht will Er nur sehen, wie viele Leute den Neuen Himmel betreten und auf der Neuen Erde gehen. Ich jedenfalls, ich sehe nicht sehr viele, und das ist beunruhigend.

Nun, mit euch gibt es wenigstens einige wenige, die sich bemühen, in den Neuen Himmel zu gelangen, das heißt, die neue Philosophie anzunehmen und sie anzuwenden; und die Anwendung ist dann die Neue Erde... Ja, man muss das symbolisch verstehen, sonst wird alles unsinnig. Wie sollen wohl Himmel und Erde verschwinden, um einem anderen Himmel und einer anderen Erde Platz zu machen? Der Himmel bleibt was er ist, und die Erde auch (wenigstens, wenn die Menschen sie nicht selbst zerstören), aber die Art zu denken und die Art zu leben, die wird sich ändern.

An einer anderen Stelle der Apokalypse steht geschrieben:

»Und ich sah: als es das sechste Siegel auftat, da geschah ein großes Erdbeben, und die Sonne wurde finster wie ein schwarzer Sack,

*und der ganze Mond wurde wie Blut, und die
Sterne des Himmels fielen auf die Erde, wie ein
Feigenbaum seine Feigen abwirft.«*

(Off 6, 12-14)

In den Evangelien macht auch Jesus eine
ähnliche Vorhersage: *»Sogleich aber nach der
Bedrängnis jener Zeit wird die Sonne sich ver-
finstern und der Mond seinen Schein verlieren,
und die Sterne werden vom Himmel fallen.«*

(Mt 24, 29)

Dabei ist unsere arme kleine Erde doch so
winzig, dass sie nicht einmal Platz für einen
Stern hat, denn ein einziger Stern ist bereits
viel größer als sie!

Wie soll man sich da vorstellen, dass sie
alle zur gleichen Zeit auf sie herunterfallen
werden? Die Sterne wissen nicht einmal von
der Existenz dieses Staubkorns, das sich Erde
nennt, wo kleine Mikroben diskutieren und
sich streiten. Warum sollten sie also alle darauf
herabfallen? Ihr könnt daher sicher sein, die
Sterne werden nicht vom Himmel fallen, aber
symbolisch gesehen – oh ja, da werden viele
Sterne fallen. Und um welche Sterne handelt
es sich?... Die berühmten Leute, die auf einem
Podest stehen, obwohl sie es nicht verdienen.
Mit dem Neuen Himmel und der Neuen Erde
verlieren sie ihren Rang und ihre Berühmtheit.

»Die Sonne wird sich verdunkeln?« Das ist die Philosophie, die zur Zeit in der Welt herrscht, eine Philosophie, die sich so weit von der wahren Einweihungswissenschaft entfernt und derart intellektualisiert hat, dass sie die neuen Probleme, die das Leben aufwirft, nicht mehr lösen kann. Diese Sonne, an der die Menschen sich festgeklammert haben, ist es also, die sich verdunkeln wird.

Was den Mond angeht, der den Bereich der Religion repräsentiert, so wird auch er seine Klarheit verlieren, das heißt, dass die offiziellen Religionen, die auf falschen Grundlagen basieren, auf Aberglauben, Vorurteilen und Fanatismus, ihren Einfluss und ihre Autorität verlieren werden.[2]

Es heißt auch, dass »der Sohn des Menschen auf den Wolken kommen wird«. Das bedeutet, dass Christus im Denken kommen wird, im Intellekt der Menschen. Denn die Wolken, die zum Bereich der Luft gehören, repräsentieren die Gedanken. Ihre Formen, die der Wind unaufhörlich wandelt, sind Ausdruck der Mentalwelt. Das sind die Vorhersagen von Jesus und Johannes. Es geht nicht um die Sonne, den Mond, die Sterne und die Wolken, die wir am Himmel wahrnehmen, sondern darum, was sie symbolisch gesehen in unserer Psyche repräsentieren.

Damit ist jetzt also klar, man darf das Ende der Welt nicht auf die Weise erwarten wie es so viele Christen getan haben. Wie oft hat man schon das Ende der Welt angekündigt... und sogar das Datum genannt! Und es entstand ein panischer Schrecken, viele bereiteten sich auf den Tod vor. Aber das Datum ging vorüber und die Welt blieb bestehen. Sicher, es gab einige Umwälzungen, aber die Welt blieb bestehen. Es war nur eine Epoche zu Ende gegangen. Man sollte begreifen, dass »die Welt« nur eine Epoche bedeutet, denn man erlebt immer gleichzeitig die letzten Tage einer Epoche und die ersten Tage einer neuen Epoche. Das muss man richtig verstehen. Die letzten Tage der Welt, die erleben wir auch jetzt, weil eine neue Epoche kommt.

Die Menschheit wird niemals vollständig verschwinden. Die Menschen sind widerstandsfähig, sorgt euch nicht, sie widerstehen allem! Aber dass es bald alle möglichen Umwälzungen und Durcheinander geben wird, und dass dies das Ende einer Epoche ist, ja, das steht fest. Darum sollte man sich vorbereiten, um in den Neuen Himmel einzutreten und auf der Neuen Erde zu wandeln.

Weiterführende Literatur

1. Siehe Band 13 der Reihe Gesamtwerke »Die neue Erde – Anleitungen, Übungen, Sprüche, Gebete« und Band 227 der Reihe Izvor »Goldene Regeln für den Alltag«.

2. Siehe Band 238 der Reihe Izvor »Der Glaube versetzt Berge«, Kapitel 3: »Wahrer Glaube und persönliche Überzeugung« und Kapitel 7: »Die Religion ist nur eine Form des Glaubens«.

Kapitel 17

DIE HIMMLISCHE STADT

»Und er führte mich hin im Geist auf einen großen und hohen Berg und zeigte mir die heilige Stadt Jerusalem niederkommen aus dem Himmel von Gott, die hatte die Herrlichkeit Gottes; ihr Licht war gleich dem alleredelsten Stein, einem Jaspis, klar wie Kristall; sie hatte eine große und hohe Mauer und hatte zwölf Tore und auf den Toren zwölf Engel und Namen darauf geschrieben, nämlich die Namen der zwölf Stämme der Israeliten: von Osten drei Tore, von Norden drei Tore, von Süden drei Tore, von Westen drei Tore. Und die Mauer der Stadt hatte zwölf Grundsteine und auf ihnen die zwölf Namen der zwölf Apostel des Lammes.

Und der mit mir redete, hatte einen Messstab, ein goldenes Rohr, um die Stadt zu messen und ihre Tore und ihre Mauer. Und die Stadt ist viereckig angelegt, und ihre Länge ist so groß wie die Breite. Und er maß die Stadt mit dem Rohr: zwölftausend Stadien. Die Länge und die Breite und die Höhe der Stadt sind gleich. Und er maß ihre Mauer: hundertvierundvierzig Ellen nach Menschenmaß, das der Engel gebrauchte.

Und ihr Mauerwerk war aus Jaspis und die Stadt aus reinem Gold, gleich reinem Glas. Und die Grundsteine der Mauer um die Stadt waren geschmückt mit allerlei Edelsteinen. Der erste Grundstein war ein Jaspis, der zweite ein Saphir, der dritte ein Chalzedon, der vierte ein Smaragd, der fünfte ein Sardonyx, der sechste ein Sarder, der siebente ein Chrysolith, der achte ein Beryll, der neunte ein Topas, der zehnte ein Chrysopras, der elfte ein Hyazinth, der zwölfte ein Amethyst. Und die zwölf Tore waren zwölf Perlen, ein jedes Tor war aus einer einzigen Perle, und der Marktplatz der Stadt war aus reinem Gold wie durchscheinendes Glas.

Und ich sah keinen Tempel darin; denn der Herr, der allmächtige Gott, ist ihr Tempel, er und das Lamm. Und die Stadt bedarf keiner Sonne noch des Mondes, dass sie ihr scheinen; denn die Herrlichkeit Gottes erleuchtet sie, und ihre Leuchte ist das Lamm. Und die Völker werden wandeln in ihrem Licht; und die Könige auf Erden werden ihre Herrlichkeit in sie bringen. Und ihre Tore werden nicht verschlossen am Tage; denn da wird keine Nacht sein. Und man wird die Pracht und den Reichtum der Völker in sie bringen. Und nichts Unreines wird hineinkommen und keiner, der Gräuel tut und Lüge, sondern allein, die geschrieben stehen in dem Buch des Lammes.

Und er zeigte mir einen Strom lebendigen Wassers, klar wie Kristall, der ausgeht von dem Thron Gottes und des Lammes; mitten auf dem Platz und auf beiden Seiten des Stromes Bäume des Lebens, die tragen zwölfmal Früchte, jeden Monat bringen sie ihre Frucht, und die Blätter der Bäume dienen zur Heilung der Völker. Und es wird nichts Verfluchtes mehr sein. Und der Thron Gottes und des Lammes wird in der Stadt sein, und seine Knechte werden ihm dienen und sein Angesicht sehen, und sein Name wird an ihren Stirnen sein. Und es wird keine Nacht mehr sein, und sie bedürfen keiner Leuchte und nicht des Lichts der Sonne; denn Gott der Herr wird sie erleuchten, und sie werden regieren von Ewigkeit zu Ewigkeit.«

(Off 21,10 – 22, 5)

Teil 1

Der Würfel

Die Stadt, die Johannes beschreibt, gleicht einem Würfel: *»Ihre Länge, ihre Höhe und ihre Breite waren gleich.«* In der Symbolik des Würfels, ebenso wie in der des Quadrats, findet man die Zahl vier, die Zahl der Materie, denn die Materie besteht aus den vier Elementen Erde, Wasser, Luft, Feuer, umfasst die vier Himmelsrichtungen Norden, Süden, Osten, Westen, etc. Die Würfelform des Neuen Jerusalem, der Braut des Lammes, unterstreicht, dass sie ein Symbol der Materie ist, mit der sich das Lamm, das heißt Christus, der Geist, vereint, um ihr den Glanz eines Edelsteins zu verleihen, die Transparenz des Kristalls.[1]

Aber die Symbolik des Würfels geht noch viel weiter, denn entfaltet man den Würfel, entsteht ein Kreuz.

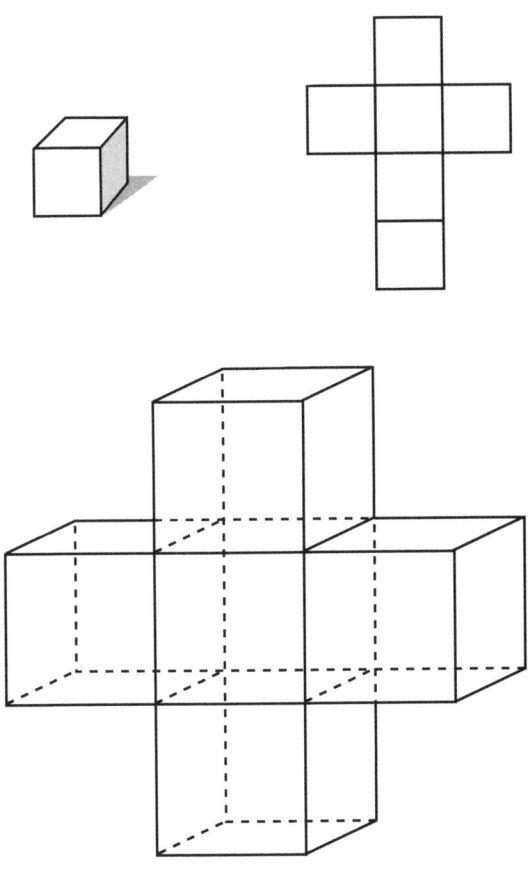

Für die Kabbalisten ist das Kreuz, das sie dreidimensional darstellen, eine Zusammenfassung, es enthält alle Prinzipien der Schöpfung.

Wenn ihr nachzählt, werdet ihr sehen, dass es aus 22 Oberflächen besteht. Auf jeder Oberfläche steht ein Buchstabe des Hebräischen Alphabets, und jedem dieser Buchstaben entspricht der Reihe nach eine der 22 Tarot-Karten. Das Kreuz ist daher die symbolische Figur der 22 Kräfte, mit denen Gott das Universum erschaffen hat.

Das Christentum hat den Schwerpunkt auf den schmerzvollen und tragischen Aspekt des Kreuzes gelegt, auf den Aspekt des Todes, indem es damit vor allem den Tod von Jesus verbunden hat. Aber man muss da noch viel weiter gehen und im Kreuz eine viel umfassendere Bedeutung sehen: die der Materie, in die der Geist hinabsteigt, um sie zu beleben.[2] Sicher, es kommt vor, dass der Geist sich in der Materie verfängt und einschläft; wenn sie nicht über ausreichende Kräfte verfügt, um ihn zu beleben, wird diese Vereinigung zum Grab des Geistes, und leider geschieht genau das bei einer Menge Leute, die den Geist in sich zu Grabe tragen. Die Materie ist das Kreuz, an dem sich der Geist beständig opfert, aber dieses Opfer hat nur einen Sinn, wenn die Materie sich dadurch umwandelt und lebendiger und reiner wird.

Für die Alchimisten ist das Kreuz der Tiegel, in dem sie all ihre Operationen an der Materie vornehmen, um sie schließlich in Gold zu verwandeln.[3] Aber ich habe euch schon oft gesagt, der wahre Alchimist findet die Materie, die er umwandeln soll, in sich selbst, es ist seine eigene Materie. Außerdem muss er die verschiedenen Elemente studieren, aus denen sie besteht, ihre Verbindungen und die Formeln, die ihre Umwandlung ermöglichen.

Alle Elemente, die sich in unserem Kreuz, in unserer Materie befinden, müssen wir studieren, und genauso wie Gott mit dem lebendigen Kreuz, dem Wort, gearbeitet hat, um das Universum zu schaffen, so müssen auch wir mit diesen Elementen arbeiten, sie wie die Buchstaben eines Alphabets kombinieren, um aus unserem Wesen das Neue Jerusalem zu machen. Solange man nicht verstanden hat, dass der Mensch selbst das Kreuz ist, und dass er mit diesem Kreuz arbeiten muss, kann man nicht sehr weit auf dem Weg der Evolution voranschreiten.

Nun, ihr versteht jetzt wohl, dass das Neue Jerusalem keine Stadt ist, die vom Himmel herabsteigen wird, so wie es viele Christen seit zwei Jahrtausenden erwarten, sondern das Symbol des Menschen, der an seiner eigenen Materie mit der Kraft des Geistes gearbeitet hat. Denn alle Elemente, die Johannes in seiner Beschreibung ihrer Architektur aufgeführt hat: die Fundamente aus Edelsteinen, die Tore aus Perlen... auch sie sind Symbole.

Weiterführende Literatur

1. Siehe Band 241 der Reihe Izvor »Der Stein der Weisen – Von den Evangelien zur Alchimie«, Kapitel 9: »Die alchimistische Arbeit: Die 3 über der 4«.

2. Siehe Band 241 der Reihe Izvor »Der Stein der Weisen – Von den Evangelien zur Alchimie«, Kapitel 3: »Ihr seid das Salz der Erde«, Teil 1 und Teil 2«.

3. Siehe Band 241 der Reihe Izvor »Der Stein der Weisen – Von den Evangelien zur Alchimie«, Kapitel 11: »Die Regeneration der Materie: das Kreuz und der Tiegel«.

Teil 2

Die Fundamente aus Edelsteinen

Die Edelsteine sind das Ergebnis einer langen, von der Intelligenz der Natur am Rohmaterial im Schoß der Erde durchgeführten Umwandlungsarbeit, so, als ob die Erde das Licht und die Herrlichkeit des Himmels nicht nur widerspiegeln, sondern konkretisieren wollte. Darum werden die Edelsteine in allen Religionen als Symbole der göttlichen Tugenden betrachtet. Die Fundamente des Neuen Jerusalems bilden sie, weil die Tugenden die wahren Fundamente des Innenlebens sind. Die Edelsteine repräsentieren das Ideal, nach dem wir durch die Umwandlung der Rohmaterie, unserer Instinkte, streben müssen.

Aber wie viele Menschen haben die Lektion der Edelsteine verstanden? Sie wollen sie besitzen, das ist alles. Und seit Jahrtausenden schickt man arme Teufel in Minen und unterwirft sie grausamen Arbeitsbedingungen. Danach betreibt man mit dem, was sie hinauf bringen, Handel mit der ganzen Welt, man begeht Diebstähle und sogar Morde. All das, damit ein paar reiche und mächtige Leute die Möglichkeit haben, sich mit Kronen, Kolliers, Armreifen, Ringen, Krawattennadeln oder Manschettenknöpfen zu brüsten, auf denen Diamanten, Rubine, Smaragde, etc. glänzen. Nun, damit ist man noch weit vom Himmlischen Jerusalem entfernt!

Es ist keineswegs verboten, Edelsteine zu lieben, auch nicht, sie besitzen zu wollen, doch nur unter der Bedingung, dass man weiß, als was man sie betrachten soll. Und als was soll man sie betrachten, fragt ihr? Als eine Verbindung zur spirituellen Welt. Ihr müsst euch auf sie konzentrieren, auf ihre Reinheit, ihre Farben, auf ihre Fähigkeit, das Licht hindurch zu lassen, und dann solltet ihr sie bitten, mit all ihren Fähigkeiten und Tugenden in euch einzuziehen, damit euer gesamtes Wesen von dem tausendfachen Feuer der Saphire, Diamanten, Rubine, Smaragde, Topase, etc. erleuchtet wird. Aus diesem Grund darf man die Edelsteine lieben und zu erwerben suchen. Nicht, um sie als Schmuck zu benutzen, sondern um von ihrer Quintessenz erleuchtet und genährt zu werden.[1]

Weiterführende Literatur

1. Siehe Band 216 der Reihe Izvor »Geheimnisse aus dem Buch der Natur«, Kapitel 11: »Das neue Jerusalem«.

Teil 3

Die Tore aus Perlen

Die Himmlische Stadt ist von einer großen und hohen Mauer aus Jaspis umgeben und sie selbst ist aus reinem Gold, *»einem reinen Kristall vergleichbar«*, was bedeutet, dass sie die Transparenz und den Glanz des Lichts besitzt. Die Mauer ist ein Schutz und daher das Symbol einer starken Aura, die den Menschen umgibt und schützt. Denn wer eine starke Aura besitzt, wird durch das Strahlen seines eigenen Lichtes geschützt.

In den Mauern der Stadt befinden sich zwölf Tore: drei nach Norden, drei nach Süden, drei nach Osten und drei nach Westen, und es heißt, dass jedes Tor eine Perle ist. Diese zwölf an den vier Kardinalpunkten gelegenen Tore sind auch eine Darstellung der zwölf Tierkreiszeichen: Widder, Stier, Zwillinge usw. Durch diese Tore bahnen sich die im Universum wirkenden Kraftströme und unsichtbaren Wesenheiten ihren Weg und üben ihren Einfluss aus. Auf diesen Toren stehen die Namen der zwölf Stämme der Kinder Israels, die, wie wir bereits gesehen haben, gleichfalls mit den zwölf Tierkreiszeichen verbunden sind.

Wisst ihr aber, dass sich diese zwölf Tore des Universums auch im Menschen wiederfinden? Und welches sind diese Tore? Die beiden Augen, die beiden Ohren, die beiden Nasenlöcher, der Mund, die beiden Brustwarzen, der Nabel, das macht zehn. Die beiden letzten werdet ihr alleine finden. Und in gleicher Weise wie die Tore des Tierkreises einen Durchgang für die kosmischen Einflüsse bilden, so ermöglichen auch die Tore unseres physischen Körpers das Eindringen von Kräften und Geistwesen. Denn der Mensch wurde in den Werkstätten des Schöpfers auf eine Weise erschaffen, dass er sich mit dem gesamten Universum austauschen kann.

Es heißt, dass die Tore des Neuen Jerusalems Perlen sind. Ja, so ist es, denn die Perle, die das Licht auf ihrer perlmutternen Oberfläche einfängt und festhält, ist ein Symbol der Reinheit. Demjenigen, der eine wahre Reinigungsarbeit an sich selbst ausgeführt hat, dem dienen die Tore dazu, mit den lichtvollen und feinstofflichen Elementen im Raum in Verbindung zu treten. Darum heißt es auch, dass ein Engel an jeder Tür steht. Ein Engel ist reine Energie, und diese Energie, die segensreiche Einflüsse anzieht, wandelt auch negative Strömungen um, die einzudringen drohen. Engel wachen an den Toren all derer, die darauf hingearbeitet haben, aus ihrem Wesen ein Tabernakel des lebendigen Gottes zu machen.

Etwas weiter heißt es: »*Und ich sah keinen Tempel darin; denn der Herr, der allmächtige Gott, ist ihr Tempel, und das Lamm. Und die Stadt bedarf keiner Sonne, noch des Mondes, dass sie ihr scheinen, denn die Herrlichkeit Gottes erleuchtet sie, und ihre Leuchte ist das Lamm.*« Eine heilige Stadt, ein gereinigter Körper, sie sind selbst Tempel, und darum sind alle anderen Tempel unnütz. Selbst Mond und Sonne brauchen sie nicht, wie ich euch bereits erklärt habe. Die Sonne ist das Symbol des Intellekts und der Mond das des Herzens. Der Mensch, der vom göttlichen Licht und von der göttlichen Liebe bewohnt wird, braucht weder Sonne, noch Mond, das heißt weder Philosophie noch Religion.

»*Und ihre Tore werden nicht verschlossen des Tages, denn da wird keine Nacht sein.*« Wenn man erleuchtet ist, gibt es keine Nacht mehr. Die erleuchteten Menschen sind immer vom inneren Licht bewohnt; selbst wenn sie schlafen gibt es keine Nacht für sie. Für die meisten Menschen ist natürlich entweder Nacht oder Tag; einen Moment lang sind sie im Licht und dann wird für sie wieder alles dunkel. Wenn aber die Erleuchtung kommt, wenn der heilige Geist sie erleuchtet, kann sie niemals mehr etwas verdunkeln. Diejenigen, die diesen Grad des spirituellen Lebens erreicht haben, sind ins Buch des Lebens des Lammes eingeschrieben. Hier auf der Erde könnt ihr Mitglied der einen oder anderen Kirche oder spirituellen Bruderschaft sein, aber das bedeutet noch nicht, dass ihr auch oben akzeptiert werdet. Denn hier auf der Erde ist es wie in einem Wartesaal, es handelt sich noch nicht um das Allerheiligste. Oben akzeptiert zu werden ist viel schwieriger, es braucht jahrelange Anstrengung und Arbeit. Aber einmal akzeptiert, ist euer Name eingetragen und ihr empfangt jeden Tag Hilfe und Geschenke des Himmels. Genauso als wärt ihr bei einer Behörde registriert. Dort bekommt ihr auch Lohn, Unterstützungen, etc.

Jesus hat gesagt: *»Seht, ich habe euch Macht gegeben, zu treten auf Schlangen und Skorpione, und Macht über alle Gewalt des Feindes; und nichts wird euch schaden. Doch darüber freut euch nicht, dass euch die Geister untertan sind. Freuet euch aber, dass eure Namen im Himmel geschrieben sind.«[1] (Lk 10, 19-20)*

Steht euer Name einmal im Buch des Lebens, vergisst euch der Himmel nicht mehr, er sendet euch Stärkung, Gesundheit und Freude. Und ihr selbst spürt, dass ihr unterstützt, beraten und geführt werdet. Wenn ihr Prüfungen durchmachen oder euch Schwierigkeiten stellen müsst, dann werden sie entweder weniger lange andauern oder ihr werdet mehr Kraft erhalten, um sie durchzustehen. Nun, das sind die wahren Schriften, die lebendigen Schriften. Man muss jetzt Anstrengungen machen und Opfer bringen, um die Tore des Himmlischen Jerusalem zu durchschreiten, denn einmal dort angekommen, ist es vorbei, ihr seid gerettet![2]

Weiterführende Literatur

1. Siehe Band 243 der Reihe Izvor »Das Lächeln des Weisen«, Kapitel 13: »Möge euer Name im Buch des Lebens eingetragen sein«.

2. Siehe Band 216 der Reihe Izvor »Geheimnisse aus dem Buch der Natur«, Kapitel 11: »Das neue Jerusalem«.

Teil 4

Der Strom des Lebens

Schließlich heißt es noch, mitten durch diese Stadt aus reinem Gold, mit Mauern aus Jaspis, Toren aus Perlen und Grundsteinen aus Edelsteinen fließe *»der Strom des lebendigen Wassers, klar wie Kristall, der ausgeht von dem Thron Gottes und des Lammes.«* Ja, das Leben ist nichts anderes als ein Kreislauf, ein Umfüllen von Energien, und der Strom des Lebens, der aus der göttlichen Quelle hervorströmt, steigt herab, um alle Bereiche des Universums zu nähren. Der kabbalistischen Wissenschaft zufolge, fließt dieser Strom zunächst in die erste Sephira, Kether. Kether füllt sich, strömt über und ergießt sich in die ihr folgende Sephira Chokmah. Chokmah füllt sich und sobald sie ihrerseits überströmt, wird das

Wasser von Binah aufgefangen. Wenn Binah aufgefüllt ist, ergießt sich das Wasser in Chesed, von Chesed in Geburah, von Geburah in Tiphereth, von Tiphereth in Netzach, von Netzach in Hod, von Hod in Jesod. So fließt der Strom des Lebens bis in Malkuth, die Erde hinab. Die Sephiroth sind die heiligen Gefäße, die von der unerschöpflichen Quelle des Lebens aufgefüllt werden.

Es ist dieser Strom, den Johannes gesehen hat. *»Und er zeigte mir, inmitten der Stadt und zu beiden Seiten des Stromes einen Baum des Lebens, der trägt zwölf Mal Früchte und bringt seine Früchte alle Monate, und die Blätter des Baumes dienen zur Heilung der Völker.«* Offensichtlich ist das ein sehr seltsamer Baum. Wie ist es möglich, dass er auf beiden Flussufern zugleich gepflanzt ist und dass er jeden Monat Früchte hervorbringt? Um diese Symbole des Stromes und des Baumes zu verstehen, muss man wiederum die Stadt als ein Abbild des Menschen betrachten.

Im Zentrum der Stadt fließt ein Strom mit einem Baum an seinen beiden Ufern, der jeden Monat Früchte trägt. Nun, dieses Zentrum, das ist der Solarplexus. Der Solarplexus ist ein Teil des sympathischen Nervensystems, von dem ich euch oft erzählt habe, wobei ich ihn vom Standpunkt der Einweihungswissenschaft aus untersucht habe. Das sympathische

Nervensystem besteht aus von oben nach unten angeordneten Zentren, vom Gehirn ausgehend bis hin zur Basis der Wirbelsäule und aus einem peripheren Teil, bestehend aus Nerven und Nervenknoten, die durch Nervengeflechte, Plexen genannt, miteinander verbunden sind. Der Solarplexus, in Höhe des Magens gelegen, ist eines von ihnen.

Diese Zeichnung zeigt euch, wie vom Gehirn, der göttlichen Welt, dem Himmel, ausgehend, durch die Wirbelsäule ein Energiefluss, der Strom, herabsteigt, der durch die Vermittlung von zwölf Nervenpaaren und dorsalen Ganglien, den Wurzeln des Baumes, den Solarplexus ernährt, den Baum des Lebens im Zentrum der Stadt. Dieser Baum bringt zwölf Mal Früchte hervor, weil auch er mit dem Tierkreis verbunden ist, in dem jedes Zeichen besondere Eigenschaften besitzt.

Adam und Eva, die im Garten Eden die Frucht vom Baum der Erkenntnis des Guten und des Bösen gekostet haben, mussten Krankheit und Tod erleiden. Die Früchte vom Baum des Lebens hingegen, die mit den Qualitäten und Tugenden der Tierkreiszeichen identisch sind, sollen der Heilung der Völker dienen, und von diesen Früchten sollen wir also essen. Das sind der Reihe nach der Widder (Aktivität), der Stier (Empfindsamkeit und Güte), die Zwillinge (die Lust zu forschen), der Krebs

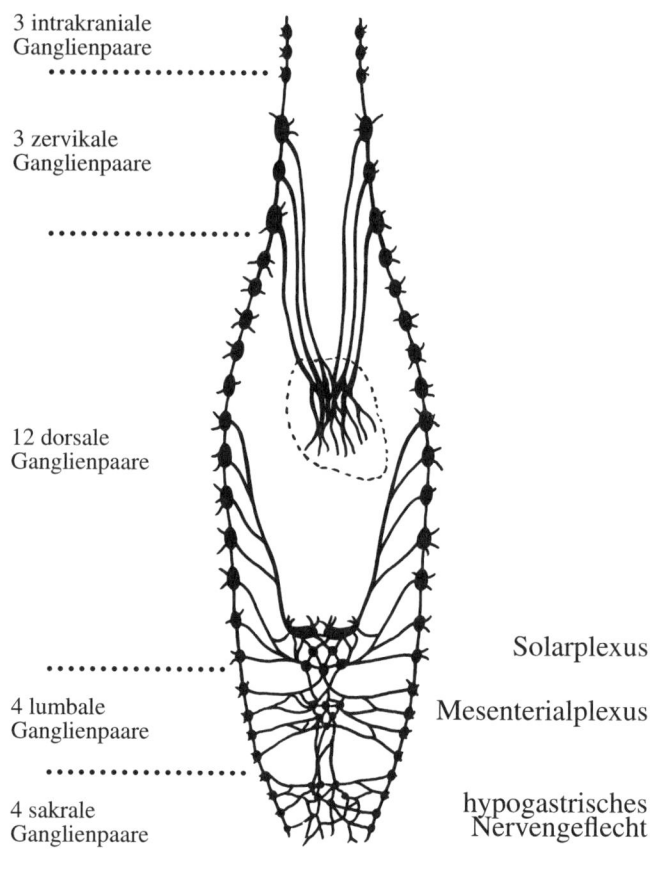

3 intrakraniale
Ganglienpaare

3 zervikale
Ganglienpaare

12 dorsale
Ganglienpaare

Solarplexus

4 lumbale
Ganglienpaare

Mesenterialplexus

4 sakrale
Ganglienpaare

hypogastrisches
Nervengeflecht

Ganglienreihe des Sympathikus*

* Der Sympathikus bildet zusammen mit dem Parasympathikus
  (Vagus) das vegetative Nervensystem, das alle Lebensfunktionen
  selbständig steuert.

(die Wahrnehmung der unsichtbaren Welt), der Löwe (Hochherzigkeit und Mut), die Jungfrau (Reinheit), die Waage (der Sinn für das kosmische Gleichgewicht), der Skorpion (das Verständnis von Leben und Tod), der Schütze (die Verbindung mit dem Himmel), der Steinbock (Herrschaft über sich selbst und über andere), der Wassermann (Brüderlichkeit und Universalität), die Fische (das Opfer). Das sind die Eigenschaften der Früchte vom Baum des Lebens. Und selbst die Blätter des Baumes dienen, laut Johannes, der Heilung der Völker. Somit haben nicht nur die Früchte segensreiche Eigenschaften, sondern sogar die Blätter und auch die Blüten und Wurzeln... Am Baum des Lebens ist nichts unnütz, alle Elemente sind segensreich und können Wunder vollbringen.

In der Himmlischen Stadt, die den neuen Menschen symbolisiert, der durch die neue Lehre inspiriert ist, repräsentieren diese beiden Bilder von Strom und Baum die Liebe und die Weisheit. Der Strom, das ist die Liebe, und der Baum an beiden Ufern des Stromes, das ist die Weisheit, denn die Weisheit hat zwei Ufer, und die Liebe, die eins ist, fließt zwischen beiden. Die Weisheit ist außen und umschließt die Dinge, sie ist der Behälter, die Liebe hingegen ist innen, sie ist der Inhalt.[1] Darum überspannt der Baum den Fluss. Der Baum und der Fluss befinden sich in der Stadt und als Liebe und Weisheit sind sie im Menschen, der die wahre Lehre studiert und anwendet. Das Neue Jerusalem kann nur existieren, wenn es den Fluss, die Liebe, und den Baum, die Weisheit, gibt. Sobald Liebe und Weisheit herrschen, ist das Reich Gottes da, und es wird keine Nacht mehr geben, denn das Licht wird in jedem Menschen sein.

Weiterführende Literatur
1. Siehe Band 234 der Reihe Izvor »Die Wahrheit, Frucht der Weisheit und der Liebe«.

Teil 5

Das Kommen des Neuen Jerusalem

Das Neue Jerusalem ist also das Modell des vollkommenen Lebens. Seit Jahren erzähle ich euch ständig davon, aber ohne es immer zu benennen, denn ich fürchte, ihr könntet sonst anfangen zu denken: »Oh! Immer diese Hinweise auf die hebräische Religion!« Aber man muss doch anerkennen, dass diese Vision, die Johannes beschrieben hat, durch den Reichtum und die Schönheit ihrer Symbole am besten das Ideal des höheren Lebens ausdrückt, dem wir zustreben müssen! Durch seine Proportionen, seine Maße und Elemente, aus denen es besteht, ist das Neue Jerusalem eine Widerspiegelung der kosmischen Ordnung. Diese Ordnung soll auf die Erde herabsteigen, und es ist an uns, sie herabsteigen zu lassen, denn sie wird nicht von alleine kommen. Das Reich Gottes kann sich auf der Erde niederlassen, aber man darf diesbezüglich nicht erwarten, dass eine Stadt einfach so, ganz von allein, vom Himmel herabsteigt. Wenn Johannes sagt, dass sie vom Himmel herabsteigen wird, dann ist damit gemeint, dass, symbolisch gesehen das Licht, das heißt die Intelligenz und die Weisheit, die das Organisieren und Harmonisieren der Dinge ermöglichen, immer von oben, vom Himmel kommen, um sich unten, auf der Erde, zu verwirklichen.

Das Neue Jerusalem ist daher in Wirklichkeit das Symbol dieser spirituellen Arbeit, die jeder Mensch in sich selbst ausführen muss. Wenn jeder von uns diese Arbeit getan haben wird, wird das Neue Jerusalem in den kollektiven Körper der Menschheit herabsteigen. Seit langem steigt es bereits herab, aber es braucht sehr viel Zeit, um leibhaftig zu werden. Tag und Nacht sind lichtvolle Geistwesen damit beschäftigt, auf die Menschen einzuwirken, um dunkle Teilchen, die nicht in Harmonie mit dem Himmel schwingen, durch andere, reinere, lichtvollere Teilchen zu ersetzen. Es sind Tausende neue Jerusalems, die sich darauf vorbereiten, gemeinsam dieses Neue Jerusalem zu bilden, wo alle in Brüderlichkeit und Frieden leben werden. Es muss euch daran gelegen sein, darauf hinzuwirken, zu diesem Neuen Jerusalem zu werden, denn selbst wenn es sich in der Welt noch nicht als ideale Gesellschaft realisiert, könnt ihr doch wenigstens seinen Segen bereits in euch selbst erfahren. Vor zweitausend Jahren hat Christus gesagt: »Ich komme.« Hat er uns getäuscht? Nein, alles, was er gesagt hat, ist eingetroffen. Er ist in die Herzen und die Seele einiger weniger gekommen. Jetzt ist er dabei, für manche zu kommen, und in der Zukunft wird er für die ganze Menschheit kommen.

Das Neue Jerusalem ist also in erster Linie der Mensch selbst. In zweiter Linie ist es eine ideale Gesellschaft. Und schließlich ist es die wahre, universelle Kirche Gottes, die Kirche des Geistes und der Wahrheit, die Kirche aller großen Eingeweihten. Niemand wird jetzt diese Kirche am Kommen hindern können. Nun, alles wird erklärt werden, alles wird klar sein, denn es heißt in den Schriften, dass Gott in den Herzen der Menschen wohnen und dort Sein Gesetz hineinschreiben wird. Von diesem Moment an werden die Menschen niemanden mehr brauchen, der ihnen von Religion und Moral predigt, alle werden innerlich wissen, was zu tun ist, wie man liebt, dient und arbeitet. Seit Jahrhunderten haben die Christen so sehr von dieser Stadt geträumt, die vom Himmel herabsteigen soll, und auf ihr Kommen gewartet! Wie kann man ihnen begreiflich machen, dass sie selbst das Neue Jerusalem sind? Natürlich sind sie noch das alte Jerusalem, in den Fängen von Unordnung und Missklängen, doch es hängt nur von ihnen ab, zu dieser Stadt aus reinem Gold zu werden, deren Fundamente aus Edelsteinen die Tugenden sind (denn es gibt keine solideren Grundsteine für das innere Leben als die Tugenden) und deren Tore aus Perlen die feinstofflichsten Austausche mit den lichtvollen Wesen des Universums ermöglichen.

Das Neue Jerusalem, das ist der vollkommene Mensch, das ist ein vollkommenes soziales Leben und das ist das Reich des Friedens und der Gerechtigkeit, in dem Melchisedek, König von Salem, herrscht. Ja, dieses Reich existiert und hat immer existiert. Dank seiner hat sich über die Jahrtausende die wahre Überlieferung erhalten, denn aus diesem Einweihungszentrum sind alle wahren großen Meister hervorgegangen, um der Menschheit das Licht zu bringen.

Bemüht euch daher, beständig mit diesem Bild des Neuen Jerusalem zu leben, denn es wird euch nähren, stärken und erleuchten. Der Mensch bedarf immer solcher machtvollen, lichthaften Bilder, denn diese Bilder wirken auf ihn ein und lassen ihn immer weiter auf dem Weg der Evolution voranschreiten.

190

Weiterführende Literatur

1. Siehe Band 235 der Reihe Izvor »Im Geist und in der Wahrheit – Wie finde ich zu Gott?«, Kapitel 17: »Das Reich Gottes ist in uns«.

2. Siehe Band 238 der Reihe Izvor »Der Glaube versetzt Berge«, Kapitel 7: »Die Religion ist nur eine Form des Glaubens«.

Omraam Mikhaël Aïvanhov im Jahr 1937

Liebe Leser,

Im Prosveta Verlag sind sehr viele Bücher von Omraam Mikhaël Aïvanhov in deutscher Sprache erhältlich. Sie behandeln fast alle Themen, mit denen der Mensch in seinem Leben und seinem Alltag konfrontiert wird. Trotz dieser Fülle an Büchern enthält jedes einzelne ein fundiertes und tiefes Wissen und eine große Weisheit. Jedes Buch vermittelt mit klaren und treffenden Worten Hilfe, Orientierung, Freude und Hoffnung.

Auf den hinteren Seiten des vorliegenden Buches sehen Sie die meisten Buchtitel aufgelistet. In unserem Online-Shop finden Sie eine Beschreibung zu jedem dieser Bücher und zu weiteren Titeln. Es kann auch ein kostenloser Katalog bei uns angefordert oder heruntergeladen werden, der alle Werke enthält.

Bestellen können Sie im Verlag oder im Buchhandel. Wenn Sie ein Buch in Ihrer Buchhandlung nicht erhalten, ist es bei uns im Verlag in der Regel dennoch lieferbar. Viele Bücher sind inzwischen auch als E-Book erhältlich.

Der Herausgeber

214 – Liebe, Zeugung und Schwangerschaft

Die geistige Galvanoplastik / Mann und Frau - Abbild des männlichen und weiblichen Prinzips / Die Ehe / Lieben ohne Besitzanspruch / Wie man der Liebe eine edlere Ausdrucksform gibt / Nur die geistige Liebe schützt die menschliche Liebe / Der Liebesakt aus der Sicht der Einweihungslehre / Die Sexualkraft, Bestandteil der Sonnenenergie / Die Zeugung eines Kindes / Die Schwangerschaft / Die Kinder von Verstand und Herz / Die Frau soll ihren wahren Platz wieder einnehmen / Das Reich Gottes, Kind der kosmischen Frau.

215 – Die wahre Lehre Christi

»Vater unser, der Du bist im Himmel« / »Ich und der Vater sind eins« / »Seid vollkommen, wie euer Vater im Himmel vollkommen ist« / »Suchet zunächst das Reich Gottes und seine Gerechtigkeit« / »Wie im Himmel, so auf Erden« / »Wer mein Fleisch isst und mein Blut trinkt, hat das ewige Leben« / »Vater vergib ihnen, denn sie wissen nicht, was sie tun« / »Wenn dich jemand auf deine rechte Backe schlägt…« / »Wachet und betet«.

216 – Geheimnisse aus dem Buch der Natur

Das Buch der Natur / Tag und Nacht / Quelle und Sumpf / Die Vermählung, ein universelles Symbol / Die Arbeit mit den Gedanken zur Gewinnung der Quintessenz / Die Macht des Feuers / Die entschleierte Wahrheit / Der Hausbau / Rot und weiß / Der Strom des Lebens / Das neue Jerusalem / Lesen und schreiben.

217 – Ein neues Licht auf das Evangelium

»Man füllt nicht jungen Wein in alte Schläuche« / »Wenn ihr nicht werdet wie die Kinder« / Der ungerechte Verwalter / »Sammelt euch Schätze« / »Gehet ein durch die enge Pforte« / »Wer auf dem Dach ist...« / Der Sturm, der sich gelegt hat / »Die Ersten werden die Letzten sein« / Das Gleichnis von den fünf törichten und den fünf klugen Jungfrauen / »Das ist das ewige Leben, dass sie dich erkennen, der du allein wahrer Gott bist!«.

218 – Die geometrischen Figuren und ihre Sprache

Die Symbolik der Geometrie / Der Kreis / Das Dreieck / Das Pentagramm / Die Pyramide / Das Kreuz / Die Quadratur des Kreises.

219 – Geheimnis Mensch

Die menschliche Evolution und die Entwicklung der spirituellen Organe / Die Aura / Das Sonnengeflecht / Das Harazentrum / Die Kundalinikraft / Die Chakras.

220 – Der Tierkreis, Schlüssel zu Mensch und Kosmos

Der vom Tierkreis abgegrenzte Raum / Die Entwicklung des Menschen und der Tierkreis / Der planetarische Zyklus der Stunden und Wochentage / Das Kreuz des Schicksals / Die Achsen Widder-Waage und Stier-Skorpion / Die Achse Jungfrau-Fische / Die Achse Löwe-Wassermann / Wasser- und Feuerdreieck / Der Stein der Weisen: Sonne, Mond und Merkur / Die 12 Stämme Israels und die 12 Heldentaten des Herkules in Verbindung mit dem Tierkreis.

221 – Alchimistische Arbeit und Vollkommenheit

Die geistige Alchimie / Der menschliche Baum / Charakter und Temperament / Das Erbe aus dem Tierreich / Die Angst / Die Klischees / Die Veredelung / Die Verwendung der Energien / Das Opfer, Umwandlung der Materie / Eitelkeit und göttlicher Ruhm / Hochmut und Demut / Die Sublimierung der Sexualkraft.

222 – Die Psyche des Menschen

»Erkenne dich selbst« / Eine synoptische Tafel / Von Seelen und Körpern / Herz, Intellekt, Seele und Geist / Die Schulung des Willens / Körper, Seele und Geist / Äußeres und inneres Erkennen / Vom Intellekt zur Intelligenz / Die wahre Erleuchtung / Der Kausalkörper / Das Bewusstsein / Das Unterbewusstsein / Das höhere Ich.

223 – Geistiges und künstlerisches Schaffen

Kunst, Wissenschaft und Religion / Die göttlichen Quellen der Inspiration / Die Aufgabe der Phantasie / Dichtung und Prosa / Die Stimme / Chorgesang / Die beste Weise, Musik zu hören / Magie der Gestik / Die Schönheit / Idealisieren als Mittel zum Erschaffen / Das lebendige Meisterwerk / Der Aufbau des Tempels / Nachwort.

224 – Die Kraft der Gedanken

Von der Wirklichkeit der spirituellen Arbeit / Wie man sich die Zukunft vorstellen soll / Die psychische Verschmutzung / Leben und Kreisen der Gedanken / Wie die Gedanken sich in der Materie verwirklichen / Nach dem Gleichgewicht von materiellen und spirituellen Mittel suchen / Die Kraft des Geistes / Einige Gesetze, die bei der geistigen Arbeit zu beachten sind / Das Denken als hilfreiche Waffe / Die Kraft der Konzentration / Die Grundlagen der Meditation / Das schöpferische Gebet / Die Suche nach dem Gipfel.

225 – Harmonie und Gesundheit

Das Wesentliche ist das Leben / Die Welt der Harmonie / Harmonie und Gesundheit / Die spirituellen Grundlagen der Medizin / Atmung und Ernährung / Die Atmung / Die Ernährung auf den verschiedenen Ebenen / Wie man Müdigkeit vermeidet / Die Pflege der Zufriedenheit.

226 – Das Buch der göttlichen Magie

Die Wiederkehr magischer Praktiken und ihre Gefahr / Der magische Kreis: die Aura / Der magische Stab / Das magische Wort / Die Talismane / Über die Zahl 13 / Der Mond, Gestirn der Magie / Die Zusammenarbeit mit den Naturgeistern / Blumen und Düfte / Wir alle üben Magie aus / Die drei magischen Hauptgesetze / Die Hand / Der Blick / Die magische Kraft des Vertrauens / Die wirkliche Magie ist die Liebe / Ihr solltet niemals versuchen Rache zu üben / Exorzismus und Weihe von Gegenständen / Schützt eure Wohnstätte.

227 – Goldene Regeln für den Alltag

Das kostbarste Gut: das Leben / Bringt materielles und geistiges Leben in Übereinstimmung / Widmet euer Leben einem erhabenen Ideal / Der Alltag, Materie, die der Geist umwandeln soll / Das Essen als Yogaübung betrachten / Die Atmung / Wie man wieder zu Kräften kommt / Liebe macht unermüdlich / Der technische Fortschritt schenkt dem Menschen mehr Zeit für die spirituelle

Arbeit / Gestaltet euer inneres Zuhause / Die Außenwelt ist ein Spiegelbild eurer Innenwelt / Eure Zukunft wird so sein, wie ihr eure Gegenwart lebt / Kostet die Fülle der Gegenwart / die Bedeutsamkeit des Anfangs / Sucht das Licht, bevor ihr handelt / Achtet immer auf die erste Bewegung / Werdet euch eurer Denkgewohnheiten bewusst / Aufmerksamkeit und Wachsamkeit / Das Leben spirituell ausrichten / Legt mehr Wert auf die Praxis als auf die Theorie / [...]

228 – Einblick in die unsichtbare Welt
Das Sichtbare und das Unsichtbare / Das begrenzte Wahrnehmungsvermögen des Intellekts und das unbegrenzte Wahrnehmungsvermögen der Intuition / Der Zugang zur unsichtbaren Welt: von Jesod nach Tiphereth / Die Hellsichtigkeit: Aktivität und Rezeptivität / Sollte man sich von Hellsehern beraten lassen? / Liebt, und eure Augen werden sich auftun / Die Botschaften des Himmels / Sichtbares und unsichtbares Licht / Die höchsten Entwicklungsstufen der Hellsichtigkeit / Das spirituelle Auge / Gottesvision / [...]

229 – Wege der Stille
Lärm und Stille / Die Verwirklichung der inneren Stille / Lasst eure Sorgen vor der Tür / Eine Übung: in Stille essen / Die Stille, ein Energiespeicher / Die Bewohner der Stille / Harmonie als Voraussetzung der inneren Stille / Die Stille, Voraussetzung für das Denken / Suche nach Stille, Suche nach dem Zentrum / Menschliches und Göttliches Wort / Das Wort eines Meisters in der Stille / Stimme der Stille, Stimme Gottes / Die Offenbarungen des Sternenhimmels / »Das stille Kämmerlein«.

230 – Die Himmlische Stadt
Besucht auf Patmos / Einführung in die Offenbarung / Melchisedek und die Lehre von den beiden Prinzipien / Briefe an die Gemeinden von Ephesus und Smyrna / Brief an die Gemeinde von Pergamon / Brief an die Gemeinde von Laodizäa / Die Vierundzwanzig Ältesten und die vier Heiligen Tiere / Das Buch und das Lamm / Die 144.000 Diener Gottes / Die Frau und der Drache / Erzengel Michael streckt den Drachen nieder / Der Drache speit Wasser auf die Frau / Das Tier, das aus dem Meer emporsteigt und das Tier, das aus der Erde emporsteigt / Das Hochzeitsfest des Lammes / Der für tausend Jahre gefesselte Drache / Der Neue Himmel und die Neue Erde / Die Himmlische Stadt.

231 – Saaten des Glücks
Das Glück ist eine Gabe, die gepflegt werden muss / Vergnügen ist noch kein Glück / Nur die richtige Arbeit macht glücklich / Die Philosophie der Anstrengung / Licht ist das, was glücklich macht / Der Sinn des Lebens / Frieden und Glück / Seid »lebendig«, um glücklich zu sein / erhebt euch über die Lebensbedingungen! / Entwickelt eure Sensibilität für die göttlich Welt / Das Land Kanaan / Der Geist steht über den Gesetzen des Schicksals / Sucht das Glück in höheren Regionen! / Die Suche nach Glück ist die Suche nach Gott / Für Selbstsüchtige gibt es kein Glück / Gebt, ohne etwas dafür zu erwarten! / Liebt, ohne Gegenliebe zu verlangen! / Von der Nützlichkeit der Feinde / Der garten von Seele und Geist / Die Vereinigung auf höherer Ebene / Wir sind die Schöpfer unserer Zukunft.

232 – Feuer und Wasser, Wunderkräfte der Schöpfung

Wasser und Feuer, Grundprinzipien der Schöpfung / Das Geheimnis der Verbrennung / Die Entdeckung des Wassers / Wasser und Zivilisation / Eine lebendige Kette: Sonne-Erde-Wasser / Die Arbeit des Schmiedes / Das Gebirge, Mutter des Wassers / Vom physischen Wasser zum spirituellen Wasser / Nährt eure Flamme / Das Feuer ist das Mittel der Verwirklichung / Der Kreislauf des Wassers: Die Reinkarnation / Der Zyklus der Wassers: Liebe und Weisheit / Die Flamme der Kerze / Wie man das Feuer anzündet und erhält / Das Wasser, Medium universalis / Der Zauberspiegel / Der Baum des Lichtes / Das Herabsteigen des Heiligen Geistes / Bilder als Begleiter auf unserem Lebensweg.

233 – Eine Zukunft für die Jugend

Die Jugend ist wie die Erde im Entwicklungsprozess / Die Grundlage unserer Existenz ist der Glaube an einen Schöpfer / Der Sinn für das Heilige / Die Stimme der höheren Natur / Den richtigen Weg einschlagen / Studieren genügt nicht, um dem Leben einen Sinn zu geben / Der Charakter ist wichtiger als das Wissen / Erfolg wie Misserfolg meistern / Erkennt, wonach Seele und Geist streben! / Die göttliche Welt ist unsere innere Welt / Warum wird man in diese oder jene Familie hineingeboren? / Lernt aus den Erfahrungen der Älteren! / Vergleicht euch mit spirituell Höherstehenden, um voranzukommen! / Die Liebe unterstützt den Willen / Gebt euch nie geschlagen! / Lasst euch nicht durch eure Fehler entmutigen! / Der wahre Künstler der Zukunft / Sexuelle Freiheit? / Bewahrt die Poesie eurer Liebe! / Tretet ein in die universelle Familie!

234 – Die Wahrheit, Frucht der Weisheit und der Liebe

Die Suche nach der Wahrheit / Die Wahrheit, Kind der Weisheit und der Liebe / Weisheit und Liebe oder Licht und Wärme / Die Liebe des Schülers, die Weisheit des Meisters / Der Kern der Wahrheit / »Ich bin der Weg, die Wahrheit und das Leben« / Der blaue Strahl der Wahrheit / Die wirklich wahre Wahrheit / Bleibt der Wahrheit treu / Über Geschmack lässt sich nicht streiten / Objektive und subjektive Welt / Die Vorrangstellung der subjektiven Welt / Wissenschaftlicher Fortschritt und moralischer Fortschritt / Wahrheit der Wissenschaft und Wahrheit des Lebens / Wie man lernt, alles so zu sehen, als sei es zum ersten Mal. / Traum und Wirklichkeit / Die Wahrheit jenseits von Gute und Böse / Die Wahrheit wird euch frei machen.

235 – Im Geist und in der Wahrheit

Das Gerüst des Universums / Das Göttliche Amt für Gewichte und Maße / Die Verbindung mit dem Zentrum / Die Eroberung des Gipfels / Von der Vielfalt zur Einheit , Teil 1 und Teil 2 / Die Errichtung des Gebäudes / Die Kontemplation der Wahrheit: Die entschleierte Isis, Teil 1 und Teil 2 / Das Lichtkleid / Die Haut, Organ der Erkenntnis / Der Duft des Garten Eden / Im Geist und in der Wahrheit / Das Bild als einfache Stütze für das Gebet / Überreste sind nichts als Spuren ohne Geist / Nur im Geist begegnet man den Wesen wirklich / Die Sonne, Quintessenz jeder wahren Religion / Die Wahrheit der Sonne: Das Geben / Das Reich Gottes ist in uns.

236 – Weisheit aus der Kabbala

Vom Menschen zu Gott: Der Hierarchiebegriff / Darstellung des Lebensbaumes / Die Engelshierarchien / Die Namen Gottes / Die Sephiroth der mittleren Säule / Ain Soph Aur: Licht ohne Ende / Die Materie des Universums: das Licht / »Als der Ewige den Kreis zog über den Fluten der Tiefe...« / »Das Reich Gottes gleicht einem Senfkorn« / Die kosmische Familie und das Mysterium der Heiligen Dreifaltigkeit / Der Körper des Adam Kadmon / Malkuth, Jesod, Hod, Tiphereth: Die Erzengel und die Jahreszeiten / Der Sephirothbaum, Symbol der Synarchie / Jesod: Die Grundlage des spirituellen Lebens / Binah / Chokmah, das schöpferische Wort / Jesod, Tiphereth, Kether: Die Sublimierung der Sexualkraft / Das Gebet Salomons.

237 – Das kosmische Gleichgewicht - Die Zahl 2
Die kosmische Waage - Die Zahl 2 / Das Pendeln der Waage / Die 1 und die 0 / Der jeweilige Platz des Männlichen und des Weiblichen / Gott steht über dem Guten und dem Bösen / Der weiße und der schwarze Kopf / Zyklische Schwankungen und Gegenpole: Das Gesetz der Gegensätze / »Um die Wunder einer einzigen Sache zu verbringen« - Die Symbole der 8 und des Kreuzes / Der Äskulapstab des Hermes – Die Schlange der Astralebene / Prinzip des Lebens und Prinzip des Todes: Iona und Horev / Das Dreieck Kether-Chesed-Geburah / Das Gesetz des Austauschs / Der Schlüssel und das Schloss / Die Arbeit des Geistes an der Materie – Der Gralskelch / [...]

238 – Der Glaube versetzt Berge
Glaube, Hoffnung und Liebe / Das Senfkorn / Wahrer Glaube und persönliche Überzeugung / Wissenschaft und Religion / Der Glaube geht immer dem Wissen voran / Die Wiederentdeckung des verborgenen Wissens / Die Religion ist nur eine Form des Glaubens / Unsere göttliche Abstammung / Der Beweis für die Existenz Gottes ist in uns / Die Identifikation mit Gott / Gott ist das Leben / Gott in der Schöpfung / Rabota, vreme, vera: Arbeit, Zeit, Glaube.

239 – Die Liebe ist größer als der Glaube
Die Ungewissheiten des modernen Menschen / Der zerstörerische Zweifel: Einheit und Polariastion / Der heilsame Zweifel / »Dein Glaube hat dir geholfen« / »Dir geschehe nach deiner Einstellung« / Nur unser Tun bezeugt unseren Glauben / Bewahrt euren Glauben an das Gute / »Wenn ihr nicht werdet wie die Kinder...« / Die Liebe ist größer als der Glaube / Worauf das wahre Vertrauen gründet / »Liebt einander, wie ich euch geliebt habe«.

240 – Söhne und Töchter Gottes
»Ich bin gekommen, damit sie das Leben haben« / Das Blut, Träger der Seele / »Wer sein Leben retten will, wird es verlieren« / »Lass die Toten ihre Toten begraben« / »Gott hat die Welt so sehr geliebt, dass er seinen einzigen Sohn hingab« / Jesus, Hohepriester nach der Ordnung Melchisedeks / Der Mensch Jesus und das kosmische Prinzip des Christus / Weihnachten und Ostern: Zwei Seiten aus dem Buch der Natur / Die Geburt des Christuskindes / Jesus, tot und auferstanden? / Das Opfer von Jesus am Kreuz: Die Kräfte des Blutes / »Aus seinem Leib werden Ströme lebendigen Wassers fließen« / Ein Sohn Gottes ist allen Menschen ein Bruder / Die Erde bevölkern mit Söhnen und Töchter Gottes.

241 – Der Stein der Weisen
Über die Deutung der Schriften, Teil 1 und Teil 2 / »Was zum Mund hineingeht, das macht den Menschen nicht unrein...« / »Ihr seid das Salz de Erde«, Teil 1 und Teil 2 / »Wenn das Salz seinen Geschmack verliert…« / Den Geschmack des Salzes kosten: die göttliche Liebe / »Ihr seid das Licht der Welt«

/ Das Salz der Alchimisten / »Und wie alle Dinge aus dem Einen entstammen…« / Die alchimistische Arbeit: Die 3 über der 4 / Der Stein der Weisen, Frucht einer mystischen Vereinigung / Die Regeneration der Materie: das Kreuz und der Tiegel / Der Mai-Tau / Die Entfaltung des göttlichen Keims / Das Gold des wahren Wissens: Alchimist und Goldsucher.

242 – Unerschöpfliche Quellen der Freude
Gott, Ursprung und Ziel unserer Reise / Sich auf den Weg machen / Das Leiden als Antrieb / Gottes Antworten in sich selbst suchen / In der Schule des Lebens: Die Lektionen der Kosmischen Intelligenz / »Wie ein Fisch im Wasser« / Gegenüber himmlischen Wesenheiten eingegangene Verpflichtungen / Ohne Angst voranschreiten / Einzig das Licht des Geistes darf uns führen / Unsere Zugehörigkeit zum Lebensbaum / Was es bedeutet, ins »Ausland« zu gehen / [...]

243 – Das Lächeln des Weisen
Der Weise lebt in der Hoffnung / Wie ein Hirte über seine Schafe wacht / Die Grenzen unserer Seele schützen / Die Erwartung, die uns wach hält / »Wenn die Auge rein ist, wird dein ganzer Körper im Licht sein« / Der Ernst, die Tränen, das Lachen, das Feiern / Die Lampe des Weisen ist voller Heiterkeit / Die Sprache des Eisens und die Sprache des Goldes / Sieg über das Leiden: Das Lächeln Gottes / Jedes Opfer prägt uns den Stempel der Sonne auf / »Der Größte unter euch soll euer Diener sein« / Dank: Quelle von Licht und Freude / Möge euer Name im Buch des Lebens eingetragen sein / Beim Festmahl.

244 – Dem Licht entgegen
Um nicht mehr sagen zu müssen: wenn ich gewusst hätte…! / »Lass deine linke Hand nicht wissen, was deine rechte tut.« / Programm für den Tag und Programm für die Ewigkeit / »Seid nicht besorgt um den morgigen Tag« / Allein die Gegenwart gehört uns / Bevor die Sonne untergeht / Der Übergang ins Jenseits / Das Leben ohne Grenzen / Die Bedeutung der Bestattungsrituale / Unsere Beziehungen zu den Familiengeistern / Was ist der Wille Gottes? / Im Dienste des göttlichen Prinzips / Zum Altar des Herrn aufsteigen / Schreitet beständig voran / An der Schwelle eines neuen Jahres.

VERLAGS-AUSLIEFERUNG

FRANKREICH (Hauptverlag)
Éditions Prosveta S.A.
B.P. 12 – F-83601 Fréjus Cedex
Tel. 04 94 19 33 33, Fax 04 94 19 33 34
E-Mail: international@prosveta.com
Internet: www.prosveta.fr

DEUTSCHLAND
Prosveta Verlag GmbH
Grabenstr. 14, 78661 Dietingen
Tel. 07427-3430
E-Mail: kontakt@prosveta.de
Internet: www.prosveta.de

ÖSTERREICH
Harmoniequell Versand
Ulmenweg 8, 5302 Henndorf
Tel. und Fax 06214 7413
E-Mail: info@prosveta.at
Internet: www.prosveta.at

SCHWEIZ
Éditions Prosveta
1808 Les Monts-de-Corsier 13
Tel. 021 921 92 18, Fax 021 922 92 04
E-Mail: editions@prosveta.ch
Internet: www.prosveta.ch

Auslieferungsadressen für weitere Länder finden Sie unter
www.prosveta.de/informationen/bestelladressen